ちくま学芸文庫

シュメール神話集成

杉勇　尾崎亨　訳

筑摩書房

目次

シュメール神話集成

凡例

一、本書は筑摩書房刊『筑摩世界文学大系1　古代オリエント集』（一九七八年四月三十日刊行）のうち「シュメール」の章を文庫化したものである。

一、翻訳者は「農牧のはじまり」が杉勇、それ以外の文書は尾崎亨である。

一、本文中の記号類は原則として次のように使用する。

〔　〕原文の破損を示す。

（日本語訳）推定による補足。

〈　〉原文あるも翻訳困難。

〈日本語訳〉推定による翻訳。

（日本語訳）訳者の補足。

…………　全行破損と思われる部分。

なお、原文の破損の程度を示すために……を必要に応じて用いる。

一、本文下部の一、五、一〇などは行数を示す。

一、解説および注の中で、刊本名・雑誌名は『　』（欧文は斜体）で、作品名・単論文名は「　」（欧文は立体）で表す。

人間の創造

天地という不動の双生児が完成されたとき、
母神が女神たち[1]を産んで、
大地が基礎づけられ、構築されたとき、
天地の諸プランが確定されたとき、
掘割りと運河とを整然と秩序づけるために、
チグリス川とユーフラテス川の堤防を作ったとき、
アン[2]、エンリル[3]、ウトゥ[4]、エンキ[5]たち
大神と、
アヌンナキ[6]の大神たちとは、
〔 〕聖堂に座を占め[7]、
彼ら自らこもごも言う[8]——
「天地の諸プランが確定され、

掘割りと運河とを整然と秩序づけるために、
チグリス川とユーフラテス川との
堤防が作られたからには
そなたたち[9]は（さらに）いったい何を変革する[10]のか。
そなたたちはいったい何を創ろうというのか。
偉大な神アヌンナキたちよ、
そなたたちはいったい何を変革しようというのかね。
何を創るのかね。」
そこに居る[11]大神、
運命を定める神々アヌンナキたち、
そのうちの二人がエンリルに答えていう――
「『天地の紐《ひも》』にあるウズムア[12]において
あなた方[13]は二人のラムガ神[14]を殺して、
彼らの血でもって人間を造るのです。
（今まで）神々が（になってきた）仕事は（今や）彼ら（人間）の仕事であります
　ように。
境界運河を永久に

地割りするように。
鋤《すき》や籠を彼らの手の中に
置くように、
神々の家々を
聖殿にふさわしくするように。
畑を（他の）畑から仕切るように。
永久に境界運河を
確保するように。
整然とした掘割り[15]を
確保するように。
四方に広大な神殿を豊かに（？）
〈充たすように〉。
…………
境界の土台を確固とするように。
倉を豊かにする（？）ように。
（四四―四六行原文破損[16]）
アヌンナキたちの畑を肥沃にするように、

（シュメールの）国土に豊かさを増すように、
神々の祭りを申し分なく執り行なうように、
冷たい水を注ぐように。
聖堂にふさわしい神々の大きな住居で（？）
アンウレガルラとアンネガルラと[17]
（彼らの）名前をあなた方はおつけになるのです。[18]
牛、羊、野獣、魚、鳥類などの
国土における産出を増加させるように。
エンウル神とニンウル神との[19]
浄らかな御命令[20]を引き受けるように。
主権者たるにふさわしいアルル女神[21]は
大計画を自ら立てるでしょう。
賢者という賢者、愚者という愚者を
大麦のごとく自生的に大地から萌え出させるように、[22]
不変の（天の）星（のごとく）永遠に
昼も夜も神々の祭りを
申し分なく執行するように、

彼女はみずから大計画を
立てるでしょう。」
アン、エンリル、
エンキにニンマフ[23]（等）
大神たちは
人間が造られた場所に
ニダバ[24]女神をその場所に配した。

農牧のはじまり

表面

天と地の創めは次のごとし。六十行[1]
天においてアヌと神アヌンナキが生成したとき、
穀物[2]は（いまだ）そ（天）の下にあらず、かれいまだつくられていなかった。
シュメールの地の運河を神ウットゥ（のため）にいまだ産まれてなかったし、
神ウットゥ[3]に対して（神殿の）土台はつくられてなかった。
母羊は（まだ）養わず、仔羊は殖《ふ》えてなかった。
山羊は存せず、山（野生）の牡牛は殖えてなかった。
羊とその羊毛は、まだできてなかった。
ロバと山羊の三歳仔は、まだできてなかった。
五穀（アシュナン）、長堀、（養魚）池、犂《すき》を、偉大な神々アヌンナキは知っていなかった。
三十日間(4)はムシュという大麦は、まだ存せず、
五十日間(4)はムシュという大麦は存しなかった。
よく挹《ひ》いた穀物（粉）、おかぼ、(5)良質の秣《まぐさ》は存しなかった。
その所有物（？）と棲み家（？　納屋？）は、まだ存しなかった。
神ウットゥは生まれていなかったし、聖所はまだなかった。
主なる神ニンギシュ、勇敢な主たちは、生まれていなかった。
光の神（ウグ）は、指導者としてまだ現われていなかった。
人類は、水鳥のように、水にもぐっていた。(6)
パンとビールを、かれらはまだ知らなかった。
着物を着ること（織布でつくった衣服？）を、かれらはまだ知らなかった。
人々は、沼沢地にその住居を移し（建て）た。
織布のように、〔衣服？　　〕を織った。
清らかな水を〔　　〕（かれらは）呑んだ。
そのとき、良き土地を〔　　〕
（以下三十一行までほとんど欠損）

裏面

（はじめ一—六行ほとんど欠損）

ドゥ・アザグ（聖所）を、城壁で〔囲んだ？〕。
全ドゥ・アザグは、立派になって〔　　〕
神エンキと神エンリルは、聖なる命令（ことば）を下し、〔　　〕
家畜（牝羊）の群れとその穀物（神アシュナン）を聖所ドゥ・アザグにおいて、か
　れらは解放した。
家畜（牝羊）の群れを、小屋の中に囲み込んだ。
その飼料を広い土地にかれらは頒《わ》け与えた。
神アシュナンは、田畑を肥やし、
草原と犂、堤防、陽光を与えた。
家畜（牝羊）は、かれの囲いの中にいて、
牧人は囲いの中に豊かさをもたらし、
穀物は、かれの畝《うね》に立っ（生え）ている。
美しき婢は、豊かさをもたらす。
かれらの畑から、頭首となる者が出現して、
豊饒が天からやってきた。

家畜（羊群）を、五穀の神（アシュナン）はすばらしくした。
人々の集まり（万物？）に、豊富をもたらした。
シュメールの地に、生あるもの（活き活きさ）を与えた。
神々の（神）意は、実行された。
シュメールの地の（各）所で、食物をそのために殖やし、
シュメールの地を、慈悲（母の乳房）でもって暗くして、
人々のために、家々を次ぎ次ぎの場所に泥土で建てた。
主は、かれらを明るくして、かれらは主とともにあらしめた。
かれらの仲間は、かれらの浄《きよ》らかな場所に建てた。
その諒闇《りょうあん》は化して白日となり、万物は増殖した。
六十一（行）。

洪水伝説

（最初の約三十六行、破損）

〔　　　　　　　　　〕

「私の人類を破滅から私[1]は[2]〔　　　　　　〕したい。

ニントゥ[3]のために、私の被造物を破滅させるのをやめさせたい。

人々を彼らの住家《すみか》に私は戻してやりたい。

彼らの町々を彼らは建てるだろうよ。それの陰でもって私は和《なご》やかにしてやりたい。

家々のレンガを彼らは浄らかな場所に据えるように。

〈物事を定める〉決議の所〉を浄らかな場所に彼らは設置するように。

私は〈浄らかな火〉を整えよう。

聖なる神力の儀式をとりおこなおう。

大地は灌漑されるだろう。私はそこで安楽にしたい。」

アン、エンリル、エンキ[4]およびニンフルサグ[5]が
人類[6]を造って以来[7]、
動物[8]があらゆる地上に繁殖し、
家畜や四つ足の〔野生〕動物が野原にふさわしいものとして存在してきた。
〔五一行以下破損〕
「私は彼ら[9]の御苦〔労な努力〕に目を向けたい。
〔　〕国土の〔　　　　〕。
王権の〔　〕が天から降ってきたのち[10][11]、
王権の聖なる〔王冠（?）〕と〔玉座（?）〕とが天より降ってきたのち、
彼は〔　　　　　　〕をとりおこない、
〔五つの町を……な浄らかな土地に〕建設し[12]
それ〔ら〕の名を〔名付け〕、〈首都[13]〉として〔神々に〕それらを配分した。
これらの町の最初のものエリドゥを彼はリーダーであるヌディンムドゥ[14]に与え、
第二の〔町〕バドゥティビラを「ヌギグ」[15]に与え、
第三の〔町〕ララク[16]をパビルサグに与え、
第四の〔町〕シッパルを英雄ウトゥ[17]に与え、
第五の〔町〕シュルッパクをスドゥ[18]に与えた。

これらの町に名前をつけて、〈首都〉として配分した。
彼は（毎年の）洪水を留めはしないで、[19] 土を掘り水を通らせた。
小さな川々の川ざらえをした。
　（一〇一行以下破損）
洪水が〔　　　　　〕
〔　　　　　〕
このようになされ、〔　　　　　〕
そのとき、ニントゥは〔　　　　　〕、
浄らかなイナンナはそれの[20]人間を（哀れんで）悲痛の嘆きを〔あげ〕、
エンキは自身の心に相談した。[21]
アンとエンリルとエンキとニンフルサグは、
天地の神々は、アンとエンリルの名にかけて〔誓ってしまったのだったが[22]〕。
その当時、王であり、グダ神官[23]であるジウスドゥラは
〔　〕を（毎日）していた。
謙虚に従順に、そして怖れに満たされながら、
毎日毎日いつも〔　　〕していた。[24]
それは夢ではなかった。[25]〈現実だった〉、〔　　〕

天地の名前を呼びながら、
キウル[26]で、神々は壁〔　　をしていた〕。
ジウスドゥラはそれの傍《かたわら》に立って、聴〔いた〕——
側壁の左手に彼は立った。
「側壁[27]よ、私はそなたに言いたい。
私の諭《さと》しに耳を〔傾けなさい！〕
すべての住居（？）の上を、〈首都〉の上を洪水が〔暴れすぎるであろう〕。
人類の種《たね》を滅ぼすことが、
〔神々の〕会議の決定、言葉なのだ。
アンとエン〔リルとニンフルサグとの〕言葉によって、
それの王権を覆すことが〔　　　　〕」
（一六一行以下破損）
巨大な〈破壊〉力を有する大風と台風がすべて一緒に在った。
洪水が〈首都〉の上を暴れすぎた。
七日七晩、
洪水が国中で暴れすぎてから、
（そして）、巨船[28]が洪水[29]の上を大風によって（あちらこちらと）吹き漂よわせられて

二〇五 から、
太陽が登ってきて、天地に光を放つ。
ジウスドゥラは巨船に窓を開いた[30]。
英雄ウトゥは彼の光線を（その）巨船の奥深くさし込んだ[31]。
王ジウスドゥラは
二一〇 ウトゥの前にひれ伏した。
二一一 王は牛を殺し[32]、羊を〈屠殺する〉[33]。
（二一二行以下破損）
「あなたは天の生命《いのち》と大地の生命をお呼びになる。〔　　〕。
二五二 アンとエンリルは天の生命と大地の生命を呼んだ[34]。〔　　〕。」
大地から萌え出づる動物が芽生えてくる[35]。
王ジウスドゥラは
二五五 アンとエンリルの前にひれ伏した[36]。
彼ら[37]は神の（生命の）ごとき生命を彼（ジウスドゥラ）に与え、
神の（息吹きの）ごとき永遠の息吹きを彼のために〈もたらした〉[38]。
そのとき、王であるジウスドゥラ、
動物と人類の種（＝子孫）とを救済した（彼を）、

（海を）渡った土地ディルムンの山、太陽の昇る土地に彼ら[39]は住まわせた。

（二六一行以下破損）

エンキとニンフルサグ

〔そこにいる〕。そこにいる。あなた方[1]はそこにいる[2]。
浄らかなディルムン[3]の国に。
〔浄らかな土地〕、そこにあなた方はいる。
浄らかなディルムンの国に。
ディルムンの国は浄らかである。ディルムンの国は清い[4]。
ディルムンの国は清い。ディルムンの国はたいへん輝かしい。
ただひとり、彼らはディルムンで休んでいる。
エンキ[5]が彼の妻とともにいる場所は、
その場所は浄らかである。その場所はたいへん輝かしい。
彼らはただひとり、（ディルムンで休んでいる。）
エンキがニンスィキル[6]とともに〔いる〕場所は、
その場所は浄らかである。

ディルムンでは烏《からす》が叫び声をあげることはなく、[7]
雄鶏が雄鶏の叫び声を発することもない。
ライオンが（餌食の生物《いきもの》を）殺すこともなく、
狼[8]も仔羊を掠奪したりはしない。
犬はまだ仔山羊を見守ることを知らないし、
穀物を食い（荒らす）豚[9]（？）も知られて（？）いないし、
やもめ（の鳥）[10]は梁《はり》の中にその巣を〈作らない。〉
空の鳥は自分の巣を〈作ら〉ないし、
ハトは〈反り身になる〉[11]こともない。
眼病も「私は眼病だ」と言うことがないし、
頭痛も「私は頭痛だ」ということがない。
それ[12]の老婆は「私は年老いてしまった」などということもなく、
それの老爺は「私は年老いてしまった」などということもない[13]。
乙女は沐浴することもなく、[14]町には水が〈溢れない〉[15]。
川を渡るものは〈　。〉
監督がザグ[16]のまわりを歩きまわることもない。
楽手[17]が（葬送）曲を演じることもない。

その町のザグで悲嘆の叫びをあげることもない。 三〇
ニンスィキルは彼女の父[18]エンキに語る――
「町をあなたは築いてくれました。
　町を築いてくれました。〈運命をあなたがお与え下さった（町を）。〉
ディルムンを、町を、あなたは築いてくれました。町を。 三五
〔町〕をあなたは築いてくれました。町を。
川には〔　　[19]〕がない（町を）。 三七
〔町〕をあなたは築いてくれました。町を。」
〔　　[20]〕
（以下数行破損）
〔父エンキは彼の娘ニンスィキルに答える〕―― 四一
「〔天にいるウトゥ[21]は〕
〔　　から、　〕
〔ナンナル[22]の　　から〕
〔大地の水が流れ出る「口」から、あなたに甘い水を大地から運びますように！〕 四五
そこからあなたの大きな〈　　〉の中へ水を運びますように！

あなたの町に豊かに水[23]を飲ませますように！
ディルムンに豊かに水を〔飲ませますように！〕
あなたの苦《にが》い水[24]の井戸を甘い水の（出る）井戸に〔するように！〕
あなたの町を国土の穀物倉とするように！
ディルムンを（国土の穀物倉とするように！）
ウトゥは今輝く陽光のなかにいる。」
天にいるウトゥは
〔　　〕から
ナンナルの〔　　〕から
大地の水が流れ出る「口」から、
　大地から甘い水を彼女のためにもたらした。
彼は彼女の大きな〔　〕の中へ水をもたらした。
彼女の町は豊かに水を飲んだ。
ディルムンは豊かに水を（飲んだ。）
彼女の井戸の苦い水はまさしく甘い水となった。
彼女の田畑と耕地は〈　〉穀物を〔実らせた（？）。〕
彼女の町は国土の穀物倉となった。

ディルムンは穀物倉となった。
今ウトゥは輝く陽光の中にいる。まさしくその通り。

ただ一人いる者は、知恵を有する者は、[25]
国土の母なるニントゥ[26]に対して、
知恵を有するエンキは
(国土の母なる)ニントゥに対して
彼の一物は溝[27]を掘りかえした。
彼の腕は葦《あし》を〈　〉彼女に向けて沈めていく。
彼の一物は気高い衣を〈まとった〉。
(彼女は[28])言った――
　「沼沢地に誰もやって来ないでしょうね」と。
エンキは言った、「沼沢地に誰もやって来はしまい」と。
そして天の命《いのち》にかけて誓った。
沼沢地にねて、沼沢地にねて、彼の言葉を、
エンキはダムガルヌンナ[29](が受けた)子種に言葉をかけた。[30]
ニンフルサグのほとに子種を注ぎ入れた。

彼女は子種をほとの内に受け入れた、エンキの子種を。
一日が彼女（にとって）の一カ月であり、
二日が彼女（にとって）の二カ月であり、
三日が彼女（にとって）の三カ月であり、
四日が彼女（にとって）の四カ月であり、
五日が彼女（にとって）の五カ月であり、
六日が彼女（にとって）の六カ月であり、
七日が彼女（にとって）の七カ月であり、
八日が彼女（にとって）の八カ月であり、
九日が彼女（にとって）の九カ月であって、それは臨月[31]である。
〈　〉バターのごとく、〈　〉バターのごとく、上等のすばらしいバターのごとく、
国土の母なる〔ニントゥは〕
〔ニンム〕[32]を産み落とした。[33]
ニンムは川の岸辺に〈姿を現わした[34]〉。
エンキは沼沢地をうろついた、うろついた。

そして彼の使者イスィムドゥ[35]に言う——
「あのかわいい乙女にキスしてはいけないものだろうか。
かわいいニンムに。」
彼の使者イスィムドゥは彼に答える——
「あのかわいい乙女にキスをなさいませ[36]。
かわいいニンムに。
私の御主人さま、（あなたのために私は）強風を吹かせましょう。
　強風を吹かせましょう[37]。」
（そこで、エンキは）ひとり船の中に踏み込み、
他[38]は〈土手〉にとどまった。
彼は（ニンムを）胸にかき抱き、キスをした。
そして、エンキは子種をほとの中に注ぎ入れた。
彼女は子種をほとの中に受け入れた、エンキの子種を。
一日が彼女（にとって）の一カ月であり、
二日が彼女（にとって）の二カ月であり、
九日が彼女（にとって）の九カ月であって、それは臨月である。
〈　〉バターのごとく、〈　〉バターのごとく、上等のすばらしいバターのごと

く、
〔ニンムは〕
ニン〔クルラ〕[39]を産み落とした。
ニンクルラは〔川の岸辺に姿を現わした。〕
エンキは沼沢地をうろ〔ついた、うろついた。〕
そして彼の使者イスィムドゥに〔言う〕――
「あのかわいい乙女にキスしてはならないものだろうか。
かわいいニンクルラに。」
彼の使者イスィムドゥは彼に答える――
「あのかわいい乙女にキスをなさいませ。
かわいいニンクルラに。
私の御主人さま、〔あなたのために私は〕強風を吹かせましょう。
　強風を吹かせましょう。」
〔そこでエンキは〕ひとり船の中に踏み込み、
他は〈土手〉にとどまった。
彼は〔ニンクルラを〕胸にかき抱き、キスをした。

そして、エンキは子種をほとの中に注ぎ入れた。
彼女は子種をほとの中に受け入れた、エンキの子種を。
一日が彼女（にとって）の一カ月であり、
九日が彼女（にとって）の九カ月であって、それは臨月である。
〈　〉バターのごとく、〈　〉バターのごとく、上等のすばらしいバターのごとく、
ニンクルラは
かわいい女性ウットゥ[40]を〔産み落した。〕

ニントゥが〈かわいい女性〉ウットゥに言う[41]――
「お前に忠告を授けましょう。
　私の忠告を〔受け入れなさい！〕
お前に言いますから、私の言うこと〔にお前の耳を〕！
人がひとり沼沢地をうろうろとうろついています。
エンキが沼沢地をうろうろとうろついています。
その目は……〔　〕。
（約十四行ほどが破損）

一四九 （あなたは）〔　〕〈　〉[42]を運んで来させなさい。[43]
一五〇 ブドウの房を運んで来させなさい。
（その）家で彼は私の〈　〉[44]をとるでしょう。
エンキはそこで私の〈　〉[44]をとるでしょう。」

他方が[45]（水を）集めると
彼は掘割りに水を満たした。
一五五 彼は溝に水を満たした。
彼は未耕地に水を〔満たし〕た。
（このことを喜んで）土まみれの庭師は〔　〕し、
彼（エンキ）を抱擁し（て言う）――
「〔私の〕庭を〔　〕して下さるあなたはどなたなのですか。」
一六〇 エンキは庭師に〔答える〕――
（一六一以下数行磨滅していて読み取れない[46]）
一六六 彼（庭師）は〔　〕を運んできて、
ブドウの房を運んできて、彼（エンキ）のひざの上におく。
エンキの顔はほころんだ。[47] 彼は錫杖を手にもった。

エンキはウットゥの方に足を向けた。
（そして）、彼女の家の前で叫ぶ[48]——
　「門を開けて下さい！　門を開けて下さい！」と。
「あなたはどなたですか。」
「私は庭師なのですがキュウリと〈リンゴ〉と
〈ブドウ〉とをあなたさまにさし上げたいのです。」
ウットゥは心を躍らせながら家の門を開けた。
エンキはウットゥに、〈かわいい〉女性に、
キュウリを彼女の〈　〉に与え、
リンゴ（？）を彼女の〈　〉に与えた[49]。
〈かわいい〉女性ウットゥは彼のまわりを巡り、拍手喝采してよろこんだ。
エンキはウットゥに楽しみを〔　〕し、
彼女を抱いて、彼のひざの上に横たえて、
彼女の腿《もも》を〈　〉し、〔　〕にさわる。
彼は彼女を抱いて、彼のひざの上に横たえて、
そして彼はその乙女と交わり[50]、キスをした。
エンキはウットゥのほとに子種を注いだ。

彼女はほとの内に子種を受け入れた。

　エンキの子種を。

〈かわいい〉女性ウットゥとともに〔　　　　〕。

（しかし）ニンフルサグはその子種を（ウットゥの）腿から〔取り出（？）〕した。[51]

（こうして、ウットゥが子供を産む代りに）、〔giš-[52]草が〕芽を出した。

〔蜜草が〕芽を出した。

〔　草が〕芽を出した。

〔　草が〕芽を出した。

〔　草が〕芽を出した。

〔　草が芽を出した。〕

〔アムハラ草が芽を出した。〕

〔桂皮樹が〕芽を出した。

エンキは沼沢地をうろついた、うろついた。

そして、彼の使者イスィムドゥに言う——

「その草の運命を私は〈　〉したい[53]。

これは何というものかね。

　いったいこれは何（という草）だろうね。」

彼の使者イスィムドゥが彼に答える――

「私の〔御主人さま〕、これはgiš-草というものです。」

　と彼に言った。

彼（イスィムドゥ）がそれを切ってくると、

　（エンキは）それを食う。


「私の御主人さま、これは蜜草です。」

彼がそれを引き抜いてくると、（エンキは）それを食う。

「私の御主人さま、これは〔　　〕草です。」

彼がそれを切ってくると、（エンキはそれを食う。）

「私の御主人さま、これは〈　　〉草です。」

彼がそれを引き抜いてくると、（エンキはそれを食う。）

「〔私の御〕主人さま、これは〔　草〕です。」

〔彼がそれを切ってくると、〕（エンキはそれを食う。）

「〔私の御主人さま、これは　草〕です。」

〔彼がそれを引き抜いてくると、〕（エンキはそれを食う。）

「〔私の御主人さま、これは〔　〕〕草です。」

〔彼がそれを引き抜いてくると、〕エンキはそれを食う。

「〔私の御主人さま、これは〕桂皮《けいひ》樹です。」

〔彼がそれを引き抜いてくると、〕（エンキは）それを食う。

〔エンキは〕草々の運命を定め、それらの〈心〉の中に入って（?）いった。

ニンフルサグはエンキの名前に呪いをかけた。[54]

「彼が死んでしまうまでは私は〈生命《いのち》の目〉[55]でもって彼を金輪際見たりはいたしません！[56]」

一二〇 アヌンナキ[57]たちは土の上にすわっていた。
（このとき）一匹の狐がエンリルに言う――
「私がニンフルサグをあなたの前にお連れしたならば、
　私への贈り物はいったい何でございましょうか。」
エンリルが狐に答える――
「もしお前がニンフルサグをほんとうに私の前に連れてきたならば、
私の町に、木と〈　〉をお前のために植えよう。そしてまた、お前の名前を（町
一二五 　の人々に）呼ばせよう。」
狐は〔　　〕し[58]、
〔　　〕した。
一二八 そして、自分の顔を〔　　〕した。
　（約四行が破損している）
一三三 「〔ニップール[59]へ〕私は行こう。エンリル〔　　　　〕。
〔ウルへ〕私は行こう。〔ナンナル　　〕。
一三五 〔ラルサ〕へ私は行こう。〔ウトゥ　　〕。
〔ウルク〕へ私は行こう。イナンナが〔　　〕。

〔　　　　〕」
〔　　　　〕
ニンフルサグは〔　　　　　　　　　　　　　　　〕　二三九
（二四〇以下五行が破損している）
ニンフルサグは〔　　　〕(60)　二四五
アヌンナキたちは彼女の着物をつかんだ。
彼らは〔　　〕し、
運命を定め、
〔　　〕を解き明した(61)。
ニンフルサグは（やせ衰えてしまっているエンキを）自分のほとの中においた。　二五〇
「私のお兄さん(62)！　何があなたを苦しめているのですか。」
「私の頭の頂《いただき》が(63)私を病気にしているのだ。」
「私はあなたのためにアブ(64)を産みましたよ（そのアブがあなたを癒してくれるでしょう）。」
「私のお兄さん！　何があなたを苦しめているのですか。」
「私の〈　〉(65)が私を病気にしているのだ。」　二五五

「私はあなたのためにニンスィクラ(66)を産みましたよ。」

「私のお兄さん！　何があなたを苦しめているのですか。」

　「私の鼻が私を病気にしているのだ。」

「私はあなたのためにニンキリウトゥ(67)を産みましたよ。」

「私のお兄さん！　何があなたを苦しめているのですか。」

　「私の口が私を病気にしているのだ。」

「私はあなたのためにニンカスィ(68)を産みましたよ。」

「私のお兄さん！　何があなたを苦しめているのですか。」

　「〈私の〈心臓(69)〉が私を病気にしているのだ。〉」

「私はあなたのためにナズィを産みましたよ。」

「私のお兄さん！　何があなたを苦しめているのですか。」

　「〈私の腕が私を病気にしているのだ。〉」

「私はあなたのためにアズィムア(70)を産みましたよ。」

「私のお兄さん！　何があなたを苦しめているのですか。」

　「私の肋骨が〔私を病気にしているのだ〕。」

「私はあなたのためにニンティ[71]を産みましたよ。」

「私のお兄さん！　何があなたを苦しめているのですか。」

　「私の〔肩胛骨が私を病気にしているのだ〕。」

「私はあなたのためにエンサグ[72]を〔産みま〕したよ[73]。」


「私（ニンフルサグ）が産みました子供たちに対して、〈　　[74]〉。」


「アブは草の主たれ！

ニンスィクラはマガン[75]の主たれ！

ニンキリウトゥをニンアズ[76]をして娶らせよ！

ニンカスィは胎児の（女神）たれ！

ナズィをニンダラ[77]をして娶らせよ！

アズィムアを〔ニン〕ギシュズィダ[78]をして娶らせよ！

ニンティは月々の主人たれ！
〔エンサグ〕はディルムンの主たれ！」
〔ああ、父神エンキよ〕、栄えあれ！

イナンナの冥界下り

彼女は[1]〔一番高い天〕[2]から冥界へ[3]思いを向けた。[4]

女神は一番高い天から冥界へ思いを向けた。

イナンナは一番高い天から冥界へと思いを向けた。

私の主人は天を投げ捨て、大地を投げ捨てた。彼女は冥界に下っていく。[5]

イナンナは天を投げ捨て、大地を投げ捨てた。彼女は冥界へ下っていく。

神官の地位[6]を投げ捨てて、ラガル職の地位[7]も投げ捨てた。彼女は冥界に下っていく。

ウルク[8]ではエアンナ神殿を投げ捨てた。彼女は冥界へ下っていく。

バドゥティビラ[9]ではエムシュカラマ神殿を投げ捨てた。彼女は冥界へ下っていく。

ザバラム[9]ではギグナを投げ捨てた。彼女は冥界へ下っていく。

アダブ[10]ではエシャラ神殿を投げ捨てた。彼女は冥界へ下っていく。

ニップール[11]ではバラトゥシュガラ聖堂を投げ捨てた。彼女は冥界へ下っていく。

キシュ[12]ではフルサグカラマ（神殿）を投げ捨てた。彼女は冥界へ下っていく。
アッカド[12]ではエウルマシュ神殿を投げ捨てた。彼女は冥界へ下っていく。
七つの〈神力〉[13]を摑《つか》み、
〈神力〉を集めて手につけた。
すばらしい〈神力〉を〈　〉な足につけた。
ステップの王冠シュガルラを彼女は頭にかぶり、
〈鬘《かつら》〉[14]を額に受けた。
（心を）なごませる一ニンダン[15]の輝く葦を手に持ち、
小さなラピスラズリ[16]を首に結んだ。
対の卵形ビーズを自分の胸に結び、
黄金の腕輪を腕にはめた。
あらゆる人を引きつける胸飾り[17]を胸に彼女は長くたらし、
貴婦人の服、パラ衣裳でもって身体を覆《おお》い、
人を招きよせる香料を目に塗った。
イナンナは冥界に歩んでいった。
彼女の使い番ニンシュブル[18]は彼女の〔前〕を歩んでいった。

浄らかなイナンナはニンシュブルに言う[19]——
「さあ、いつも私に忠実な者よ[20]、
いつも気持の良い言葉（を語る）私の使者よ、
いつも確かな言葉（を伝える）私の飛脚[21]よ、
今私は冥界へ下っていきます。
私が冥界へついたころ、
〈丘の上で〉[22]私のために嘆きなさい。
玉座の間で太鼓を私のためにたたきなさい。
そして、神々の家々を私のために巡りなさい。
面《おもて》を伏せ、目を伏せなさい。
人とともに行くところではない場所でお前の大きな〈肛門〉[23]を私のためにかきむし
りなさい。
貧者のごとく、私のためにたった一枚だけ服を着なさい。
エクル神殿[24]へ、エンリル（神）の家にお前の足を向けて[25]、
（そして）お前がエクル神殿、エンリルの家に入ったら、
エンリルの前で涙を流して泣きなさい（次のように言いながら）——
『父なる[26]エンリル様、あなたのお嬢さまを誰にも冥界で殺させませんように。

あなたの良い銀[27]を冥界の土で誰にも覆いかくさせませんように。

あなたのすばらしいラピスラズリ[27]を石工の石などと一緒に砕かせませんように。

あなたの黄楊《つげ》[27]を大工の木と一緒に裂かせませんように。

乙女イナンナを冥界で殺させませんように！』

もしエンリルがその言葉によってもお前のためにみこしを上げることがなかったら、ウル[28]へ行きなさい。

国土の〔　　〕の家、ウルで、
ナンナル（神）のエキシュヌガル神殿へ入っていったら、
ナンナルの前で涙を流して泣きなさい（次のように言いながら）――

『父なるナンナル様、あなたのお嬢さまを誰にも冥界で殺させませんように。

あなたの良い銀を冥界の土で誰にも覆いかくさせませんように。

あなたのすばらしいラピスラズリを石工の石などと一緒に砕かせませんように。

あなたの黄楊を大工の木と一緒に裂かせませんように。

乙女イナンナを冥界で殺させませんように！』

ナンナルがその言葉でもお前のためにみこしを上げなかったときには、エリドゥに行きなさい。

お前がエリドゥ[29]（で）、エンキ（神）の家に入っていったら、エンキの前で涙を流して泣きなさい（次のように言いながら）――
『父なるエンキ様、あなたのお嬢さまを誰にも冥界で殺させませんように。
あなたの良い銀を冥界の土で誰にも覆いかくさせませんように。
あなたのすばらしいラピスラズリを石工の石などと一緒に砕かせませんように。
あなたの黄楊を大工の木と一緒に裂かせませんように。
乙女イナンナを冥界で殺させませんように！
広い知識（を持っている）主、父神エンキよ、
あなたは生命の食物を御存知だ、生命の水を御存知だ。
彼女を私のために生き返らせて下さい。』と」。

イナンナは冥界へ歩んでいく。
彼女は自分の使者ニンシュブルに向って言う――
「行きなさい[30]！　ニンシュブルよ。
私がお前に語った言葉をおろそかにしてはなりませんよ。」
イナンナは、ラピスラズリ[31]の冥界の宮殿に近づいたとき、
冥界の入口で悪事[32]を〈企んだ。〉

冥界の宮殿[33]に向って悪い言葉を叫んだ――

「門[34]を開けなさい、門番よ、門を開きなさい！

門を開けなさい、ネティ[35]よ、門を開きなさい。私一人、（中へ）入りたいから。」

冥界の大門番ネティは
浄らかなイナンナ[36]に（それに対して）答える――

「お前は誰だ、お前は！」

「私は太陽が登っていくところの天の女王[37]です。」

「もしあなたが、太陽が登り現われるところのイナンナであるならば、
何故[38]あなたはやって来たのですか、不帰の冥界なぞへ。

来る（旅）人は（誰ひとり）戻ることのない旅路へ、よくもあなたの心はあなたを
　駆り立てたものだ。」

浄らかなイナンナはそれについて彼に答える――

「私の姉上エレシュキガル[39]のために、

彼女の夫、主グガルアンナ[40]がお亡くなりになったとき、
彼の葬儀に参列するために、
私は彼への供物のビールを大いに注ぎました。まさにそうなのです。」

冥界の大門番ネティは
浄らかなイナンナに向って答える——
「お待ちになって下さい、イナンナさん。私の女主人に話してみましょう。
私の女主人エレシュキガルに話してみましょう。〔　　〕話してみましょう。」

冥界の大門番ネティは
彼の女主人エレシュキガルのところへ、〔彼女の〕家へ入っていった。彼女に言う
——
「私の御主人さま、乙女が一人、
神のごとく（?）〔　　〕（者が）
門（のところに）〔　　〕
〔　　〕
エアンナ神殿で〔　　〕

七つの〈神力〉を彼女は摑み、
〈神力〉を集めて手につけています。
〈神力〉を〈　〉な足につけています。
ステップの王冠シュガルラを彼女は頭にかぶり、
〈鬘〉を額に受けています。
〈心を〉なごませる一ニンダンの輝く葦を手にもち、
小さなラピスラズリを首に結んでいます。
対の卵形ビーズを自分の胸に結び、
黄金の腕輪を手にはめています。
あらゆる人を引きつける〈胸飾り〉を胸に彼女は長くたらして、
人を招きよせる香料を目に塗っています。
貴婦人の服、パラ衣裳でもって身体を覆っています。」

そのときエレシュキガルは、腿を打ち、〈唇をかんで〉[41]
冥界の大門番ネティに向って言う――
「さあ、冥界の大門番、私のネティよ、
私がお前に語る言葉をなおざりにしてはなりません。

冥界の七つの大門――その錠を〔開けなさい〕。
冥界の正面であるガンジル門の扉を〈まず〉手で押し（開け）なさい。
彼女が中に入ってきたら
彼女のあらゆる高貴な衣裳を彼女から取り去るのです。」

冥界の大門番ネティは
彼の女主人の言葉によく注意〔を払って、〕
冥界の七つの大門――その錠を〔開く〕。
冥界の正面であるガンジル門の〔扉を〕まず〔手で押しあけた。〕

彼は浄らかなイナンナに向って語る――

「さあ、イナンナさん、お入りなさい。」

彼女が入ったとき、
ステップの王冠シュガルラを誰かが彼女の頭から取り払った。

「何をするのです！[42]」

「静かに！　イナンナさん。冥界の掟[43]が実行されたのです。

イナンナさん、冥界の礼拝法規をとやかくおっしゃってはなりません。[44]」

第二の大門を彼女が入ったとき、

（心を）なごませる一ニンダンの輝く葦を誰かが彼女の手から取り払った。

「何をするのです！」

「静かに！　イナンナさん。冥界の掟が実行されたのです。

イナンナさん、冥界の礼拝法規をとやかくおっしゃってはなりません。」

第三の大門を彼女が入ったとき、
彼女の首にかかっていた小さなラピスラズリを誰かが彼女から取り払った。

「何をするのです！」

「静かに！　イナンナさん。冥界の掟が実行されたのです。

イナンナさん、冥界の礼拝法規をとやかくおっしゃってはなりません。」

第四の大門を彼女が入ったとき、
彼女の胸の卵形ビーズを誰かが彼女から取り払った。
「何をするのです！」
「静かに！　イナンナさん。冥界の掟が実行されたのです。

イナンナさん、冥界の礼拝法規をとやかくおっしゃってはなりません。」

第五の大門を彼女が入ったとき、
腕の黄金の腕輪を誰かが彼女から取り払った。

「何をするのです！」

「静かに！　イナンナさん。冥界の掟が実行されたのです。

イナンナさん、冥界の礼拝法規をとやかくおっしゃってはなりません。」

第六の大門を彼女が入ったとき、
彼女の胸のあらゆる人を引きつける胸飾りを誰かが彼女から取り払った。

「何をするのです！」

「静かに！　イナンナさん。冥界の掟が実行されたのです。

イナンナさん、冥界の礼拝法規をとやかくおっしゃってはなりません。」

第七の大門を彼女が入ったとき、
彼女の身体の貴婦人の服、パラ衣裳を誰かが彼女から取り払った。

「何をするのです！」

「静かに！　イナンナさん。冥界の掟が実行されたのです。

イナンナさん、冥界の礼拝法規をとやかくおっしゃってはなりません。

うずくまって、素裸に引きむかれて人間は私のところに来るのです[45]。」

〔浄らかなエレシュ〕キガル[46]は彼女の玉座に〔すわ〕っていた。

裁判官であるアヌンナキ[47]たち七人が彼女の前で（イナンナについて）判決を〔下す〕。

彼女（エレシュキガル）は（イナンナに）目を向けた、死の目を。

（彼女に向けて）〔言葉を〕発した、怒りの言葉を。

叫んだ、罪の叫びを。

その病の〔女[48]〕は死体に変った[49]。

その死体は釘に掛けられた。

三日三晩が過ぎ去ってから、
彼女の使者ニンシュブルは、
いつも気持の良い言葉（を語る）彼女の使者は、
いつも確かな言葉（を語る）彼女の飛脚は、

〈丘の上で〉彼女のために嘆き、
玉座の間で太鼓を打ちならした。
彼女は神々の家々を巡った。
彼女は面を伏せ、目を伏せて、
人とともに行くところではない場所で彼女の大きな〈肛門〉をかきむしった。
貧者のごとくたった一枚だけ着物を着て、
エクル神殿へ、エンリルの家へまず足を向けた。

エクル神殿に、エンリルの家に入ったとき、
彼女はエンリルの目の前で涙を流して泣いた——

「父なる[50]エンリル様、あなたのお嬢さまを誰にも冥界で殺させませんように。

あなたの良い銀[51]を冥界の土で誰にも覆いかくさせませんように。

あなたのすばらしいラピスラズリ[51]を石工の石などと一緒に砕かせませんように。

あなたの黄楊[51]を大工の木と一緒に裂かせませんように。

乙女イナンナを冥界で殺させませんように！」

父エンリルはニンシュブルに向って答える——

「私の娘は〔一番高い〕天を求め、冥界をも求めた[52]。

イナンナは〔一番高い〕天を求め、冥界をも求めた。

彼女は冥界の掟を、崇高な掟を、〈地に落して[53]〉しまったのだ。

いったい誰が〔　　[54]〕。」


父エンリルがその言葉に〔みこしを上げなかった〕（ので）（ニンシュブルは）ウルへ行った。

国土の〔　〕の家、ウルで、
ナンナルのエキシュヌガル神殿へ入ったとき、
ナンナルの前で彼女は涙を流して泣いた——

「父なるナンナル様、あなたのお嬢さまを誰にも冥界で殺させませんように。

あなたの良い銀[55]を冥界の土で誰にも覆いかくさせませんように。

あなたのすばらしいラピスラズリ[55]を石工の石などと一緒に砕かせませんように。

あなたの黄楊[55]を大工の木と一緒に裂かせませんように。

乙女イナンナを冥界で殺させませんように！」


父ナンナルはニンシュブルに向って答える——

「私の娘は〔一番高い〕天を求め、冥界をも求めた。

イナンナは〔一番高い〕天を求め、冥界をも求めた。

彼女は冥界の掟を、崇高な掟を、崇高な掟を、〈地に落して〉しまったのだ。

いったい誰が〔　　〕。」


父ナンナルがその言葉に〔みこしを上げなかった〕（ので）、彼女は（さらに）エリドゥへ赴いた。

エリドゥで、エンキの家へ入ったとき、
エンキの目の前で彼女は涙を流して泣いた――

「父なるエンキ様、あなたのお嬢さまを冥界で誰にも殺させませんように。

あなたの良い銀[55]を冥界の土で誰にも覆いかくさせませんように。

あなたのすばらしいラピスラズリ[55]を石工の石などと一緒に砕かせませんように。

あなたの黄楊[55]を大工の木と一緒に裂かせませんように。

乙女イナンナを冥界で殺させませんように！」

父エンキはニンシュブルに向って答える――

「私の娘は何をしたのだろう、私は心配だ。

イナンナは何をしたのだろう、私は心配だ。
諸国の女王は何をしたのだろう、私は心配だ。
天の娼婦[56]は何をしたのだろう、私は心配だ。」

彼は彼の爪から垢を取り出してクルガルラ[57]を作り、
彼の赤く〈そめ〉られた爪から垢を取り出してガラトゥル[58]を作り出した。
（そして）クルガルラには生命の食物を与え、
ガラトゥルには生命の水を与えた[59]。

〔父〕エンキは、ガラトゥルとクルガルラに向って言う——
「さあ、お前たち、行きなさい。冥界に向けて足を〝寝かせ〟なさい。
戸のまわりを蠅のごとく飛びまわりなさい[60]。
旋回軸のまわりをトカゲのごとく回りなさい。
お産した母親[61]は、子供たちの故に、
エレシュキガルは床についている。病気[62]なのだ。
彼女の浄らかな身体の上には衣《ころも》一枚かかっていない。
彼女の胸は、シャガン壺[63]のごとく〈何も覆われて〉いない。

彼女の〔爪〕は銅の〈熊手〉のごとくになっている。
頭には彼女の髪はニラネギのごとくになっている。[64]
『ウーッ、私のお腹が！[65]』と彼女が言ったら、
『お苦しみのあなた、私たちの女主人様。あなたのお腹が！』と言いなさい。
『〔ウーッ、〕私の外が！』と彼女が言ったら、
『〔お苦しみのあなた〕私たちの女主人様。あなたの外が！』と言いなさい。
『あなた方が〔どなた様であっても〕、
〔私の〕お腹〔から〕あなたのお腹へ、私の外から〔あなたの〕外へ〔　　　[66]〕、
〔もしあなた方が神々であるのなら〕私は〔あなた方のために〕（よい）言葉を語りましょう。
〔もしあなた方が人間であるのなら、あなた方の運命を〕私は（すばらしいものに）定めましょう。[67]』
〔そうしたら〕〔天の生命、地の生命にかけて〕誓い〔なさい〕、
〔　　〕と彼女に〔　　なさい〕。
彼ら[68]は川の水をお前たちに贈ろうとするだろう——しかし、受け取ってはならない。
畑の大麦をお前たちに贈るだろう——しかし、受け取ってはならない。

『釘に掛かっているあの死体を私たちに下さい』と、こう言いなさい。
一人は生命の食物を、一人は生命の水をその上にかけなさい。
（そうすれば）イナンナは立ち上るだろう。」

ガラトゥルとクルガルラはエンキの言葉を注意深く聴いていた。
彼らは戸のまわりを蝿のごとく飛びまわった。
旋回軸のまわりをトカゲのごとく回った。
お産した母親は、子供たちの故に、
エレシュキガルは床についている。病気なのだ。
彼女の〔浄らかな身体〕の上には衣一枚かかっていない。
〔彼女の胸は〕シャガン壺の〔ごとく〕〈何も覆われて〉いない。
「〔ウーッ〕、私のお腹が！」と彼女が言ったとき、
「お苦しみのあなた、私たちの女主人様。あなたのお腹が！」と彼らは言った。
「〔ウーッ〕、私の外が！」と彼女が言ったとき、
「お苦しみのあなた、私たちの女主人様。あなたの外が！」と彼らは言った。
「あなた方がどなた様であっても、

私のお腹からあなたのお腹へ、私の外からあなたの外へ〔　　〕[69]、
もしあなた方が神々であるのなら、私はあなた方のために（よい）言葉を語りましょう。
もしあなた方が人間であるのなら、あなた方の運命を私は（すばらしいものに）定めましょう[70]。」

彼ら[71]は天の命と大地の命とにかけて誓った。

彼ら[72]は（二人に）川の水を与えるが、彼ら[71]は受け取らない。

畑の大麦を与えるが、彼らは受け取らない。

「釘に掛かっているあの死体を私たちに下さい」と彼らは彼女に言った。


浄らかなエレシュキガルはガラトゥルとクルガルラに向って答える——

「（その）死体はお前たちの女主人だ。」

「（その）死体が私たちの女主人のものであるならば、それを私たちにお与え下さい」と彼らは彼女に言った。

人々は釘に掛かっている死体を与える。

一人は[73]生命の食物を、一人は生命の水を彼女の上にふりかけた。
イナンナは立ち上った。

イナンナが冥界から（地上へ）昇っていこうとしたとき、
アヌンナキたちがそれをおしとどめた。
「誰であれ、冥界から昇っていく者は、冥界から無事に昇っていきたいならば、
もし、イナンナさん、（あなたが）冥界から昇っていきたいのであれば、
ひとりの人を身代わりとして与えなくてはなりません。[74]」

イナンナは冥界から昇っていく。
槍のごとくに（細い）、小さなガルラ霊たちが
筆葦[75]のごとくに（細い）、大きなガルラ霊たちが
彼女の傍らにつき添っていた。
彼女の前（を行く）者は、使者ではないのだが、〈棒〉を手に持ち、
彼女の脇の者は、騎士ではないのだが、武器を腰に下げていた。[76]
彼女に同行している者どもは、
イナンナに同行している者どもは、

食物を識らぬ者であり、水を識らぬ者である。
彼らは積み上げられた粉[77]を食うことのない者であり、
流れる水を飲むことがない者である[78]。
人のひざから（その）妻を奪い取り、
乳母の〔ふと〕ころから子供を取り去る者である。

イナンナは冥界から昇っていく。
イナンナが冥界から昇っていったとき、
〔彼女の使者〕ニンシュブルは彼女の足許に身を投げ出して、
土の上に坐し、喪服を身にまとっていた。
ガルラ霊たちは浄らかなイナンナに向って語る――
「イナンナさん、あなたの町へお行きなさい。私たちは彼女を連れていきましょう。」
浄らかなイナンナはガルラ霊たちに答える――
「いつも良い言葉（を語る）私の使者は、

いつも確かな言葉（を伝える）私の飛脚は、
私の指図を怠ったことがない。
私が語った言葉をなおざりにしたことがない。
彼女は私のために〈丘の上で〉嘆いてくれたし、
太鼓を玉座の間で私のために打ちならしてくれたし、
神々の家々を私のために巡り歩いてくれた。
彼女は私のために面を伏せ、目を伏せた。
人とともに行くところではない場所で私のために自分の大きな〈肛門〉をかきむしってくれた。
（また）彼女は私のために貧者のごとくたった一枚だけしか服を着ずに、
エンリルの家、エクル神殿へ、
ウルではナンナルの家へ、
エリドゥではエンキの家へ（行ってくれた）。
彼女は私を生き返らせてくれたのです。この者を絶対にあなた方に差し出すわけには参りません。[79]」
「さあ、行こう。ウンマへ、シグクルシャッガ[80]に向って行こう。[81]」

ウンマでは、シグクルシャッガから
シャラ[82]が彼の町で彼女の足許に身を投げ出して、
土の上に坐し、喪服を身にまとっていた。
ガルラ霊たちは浄らかなイナンナに向って語る――
「イナンナさん、あなたの町へお行きなさい。私たちは彼を連れていきましょう。」
浄らかなイナンナはガルラ霊たちに答える――
「歌を唄う人、私のシャラは、
私の理髪師であり、私の〈　〉です。
この者を絶対にあなた方に差し出すわけには参りません。」
「さあ、行こう。バドゥティビラ[83]へ、エムシュカラマへ行こう。[84]」
バドゥティビラでは、エムシュカラマから
ラタラクが彼の町で彼女の足許に身を投げ出して、

土の上に坐し、喪服を身にまとっていた。

ガルラ霊たちは浄らかなイナンナに向って語る――

「イナンナさん、あなたの町へお行きなさい。私たちは彼を連れていきましょう。」

浄らかなイナンナはガルラ霊たちに答える――

「リーダーで、私の左右に侍っているラタラク、
この者を絶対にあなた方に差し出すわけには参りません。」

「さあ、行こう、あなたを連れてクラブ[85]の野原の引き裂かれたリンゴの木のところ
へ[86]。」

彼らはクラブの野原の引き裂かれたリンゴの木〈に足を向けた〉。

ドゥムジ[87]はすばらしい衣服を着ていた。気高く腰かけていた[88]。

ガルラ霊たちは彼の〈小屋[89]〉に押し寄せ、
七つの乳房をもつ壺〈の中身〉を注ぎこぼした。

その七つは病人の〈力〉のごとく彼を打つ。

彼らは牧人[90]に彼女[91]の前でフルートや笛を吹かせない。
彼女は彼を凝視した。死の眼で。
彼に語った。怒りの言葉を。
叫んだ。罪の叫びを。[92]
「さあ、お前たち、彼を連れて行きなさい！」と。

浄らかなイナンナは牧人ドゥムジを彼らの手に与えてしまった。
彼を連行する者たちは、
ドゥムジを連行する者たちは、
食物を識らぬ者であり、水を識らぬ者である。
彼らは積み上げられた粉を食うことのない者であり、
流れる水を飲むことがない者である。
妻のひざを喜びで満たすことがなく、
〈かわいらしい〉[93]子供たちにキスをすることもない。
子供を人のひざから引き抜いてしまい、
花嫁を婚礼の家から連れ出してしまう（者である）。
ドゥムジは涙を流し、蒼白になった。

彼はウトゥ[94]へ、天に向けて手を上げた。

「ああ、ウトゥよ、あなたは私の義兄で、私はあなたの義弟です。

私はあなたのお母さんの家に脂を運ぶものです。 三五

私はニンガル様[95]の家にミルクを運ぶものです。

私の手を蛇の手に〈変えて下さい〉。

私の足を蛇の足に〈変えて下さい〉。

私のガルラ霊たちから私は逃れたいのです。私をつかまえさせないで下さい。」 三九

（この後、破損している約十五行に続いて断片的な十行ほどが残っているが意味がはっきりしない。[96]）

＊

以下に、前掲テキストとは伝承系統の異なるウル出土の物語の断片二つ（A、B）を訳出する。最初のものAの一三行目は、前掲物語の三四二行目に内容的に合致する。第二のものBは、同じくウルに伝わった物語の最後の十五行である。残念なことにBは余りにも断片的であるので、物語の結末がはっきりしてはいないが、結末部分であることだけは確かである。

断片A

小さなガルラ霊たちは口を開いて大きなガルラ霊たちに語る——

「さあ、浄らかなイナンナのもとへ[97]一緒に行こうではないか。[98]」


ガルラ霊たちはウルク[99]へ赴き、浄らかなイナンナをつかまえる。

「さあ、イナンナさん、あなたの道へ〈　　〉行きなさい。冥界へ下っていきなさい。

あなたの心があなたを導いていった所へ行きなさい。[100]冥界へ下っていきなさい。

エレシュキガル[101]のところへ行きなさい。冥界へ下っていきなさい。

浄らかなマント、あなたの貴婦人の服であるパラ衣裳を着てはいけません。冥界へ下っていきなさい。

健康な言葉の飾り物、浄らかな冠をあなたの頭から外して、冥界へ下っていきなさい。

魅力的にあなたの顔をメイクアップせずに、冥界へ下っていきなさい。

〈小さくない〉犬をあなたの足〔から〕〈解き放して〉、冥界へ下っていきなさい。

〔　〕あなたが下っていくとき〔　　〕〈　　〉。」

浄らかなイナンナを彼らは急《せ》きたてて〔いく〕。
恐怖にかられてイナンナはドゥムジを〔彼らの〕手に〔与えた〕。
「〔その〕若者の足を脚立に結えてしまいなさい。
若者を罠に投げ込んでしまいなさい。彼の首に〈首枷〉をはめてしまいなさい。」

〈釣針、突錐、大きな〉細身の投槍が彼の顔に向って乗せられた。
大きな斧、〔　〕で彼らは〈深く切り込む〉。
若者を立たせ、〔また〕〔坐ら〕せた。
〔　　　〕
彼らは若者の腕を縛り、〔　　　〕し、
恐怖の服を彼の顔にかぶせた。

若者はウトゥに、天へ向けて彼の手を差し上げた。
「ああ、ウトゥよ、あなたの友人の私を、若者である私をあなたは識っておいでだ。
あなたの妹を妻にもらいました私を。
彼女は冥界に下ったときに、

彼女が冥界に下ったりしたものだから、
私をその身代りに、彼女は冥界に与えてしまった。

ああ、ウトゥよ、あなたは正義の判事です。どうか私を〔連れ去らせ〕ないで下さい！

私の手を変えてしまって下さい！　私の姿を変えて下さい！

私はガルラ霊たちの手から逃れたいのです。（そして）彼らが私を捕えないように、
サグカル蛇のように私は山の真中をくねっていきたいのです。

（私の）姉ゲシュティンアンナ[102]の所へ私の魂を運びたいのです。」

ウトゥは彼の涙を受け入れた。

彼の手を変え、彼の姿を変えてやった。

彼はサグカル蛇のごとく、山の真中をくねって行った。

ドゥムジは鳥[103]の方に向って飛んでいく鷹のごとくに身体から彼の魂を飛び去らせ、
ゲシュティンアンナの所へと魂を運んでいった。

ゲシュティンアンナは弟を見て、
頬にかき傷をつけ、口にかき傷をつけた[104]。

目を傍に〈そらして〉、自分の衣服を引き裂き、

苦しんでいる若者のために激しく嘆いた——
「ああ、私の弟よ、ああ、私の弟よ、その日は〔　〕しない。
ああ、私の弟、牧人、アマウシュムガルアンナ[105]よ、若者よ、その日は〔　〕しない。
ああ、私の弟よ、妻もなければ、子供もいない若者よ、
ああ、私の弟よ、友人もなければ、連れ合いもいない若者よ、
ああ、私の弟よ、母に喜びをもたらさない若者よ。」

ガルラ霊たちはドゥムジを探している。彼らは（方々を）巡った。
小さなガルラ霊たちが大きなガルラ霊たちに向って言う。
「母親のいないガルラ霊よ、父も母も、姉妹も兄弟も、妻も子供ももっていない者たちよ、
〈　〉
君ら、人の側を〔　〕するガルラ霊、
甘い慈悲（の心）など持ち合せていない者、楽しみも怖れも知らぬ者たちよ、
〔　〕彼の魂が平穏に〈　〉のを見た[106]（者たちよ）、（?）
さあ、その友人のところへ行くのはよそう。その義兄のところへ行くのはよそう。

牧人[107]（を求めて）ゲシュティンアンナのところへ（直接）行こうではないか。」

ガルラ霊たちは手を打ち（鳴らし）、（ドゥムジを）探しに出かけた。

口から嘆き（の叫び）を絶やすことなく、
ガルラ霊たちはゲシュティンアンナのところへ赴いた。

「さあ、あなたの弟の居場所を我らに示しなさい」と彼（ら）は言ったが、彼女は彼（ら）に教えなかった。

天が（彼女に）近づき、大地が（彼女の）ひざにおかれた[108]が、（それでも）彼女は教えなかった。

〔大地〕が近づき、彼女の〔　〕を傷つけたが、（それでも）彼女は彼（ら）に教えなかった。

〔　〕が近づき、〔　〕が彼女の服を引き裂いたが、（それでも）彼女は彼（ら）に教えなかった。

コールタールが彼女のひざに注がれたが、彼女は彼らに教えなかった。

彼らはドゥムジをゲシュティンアンナの家の中に見つけない。

小さなガルラ霊たちは大きなガルラ霊たちに語る――
「さあ、浄らかな羊小屋[109]へ行こうではないか」と。
ドゥムジを彼らは〔浄らかな〕羊小屋でつかまえた。彼を〔探し〕出し、見つめた。
彼らはまわりをとり囲み、彼をつかまえた。
若者に対して〈　　〉斧が〈ふるわれた〉。
彼らは〔ナイフ〕で〔彼の〕ひざを突き砕き、まわりを取り囲んだ。
姉は彼女の弟の故に、〔鳥のように〕ぐるぐると放浪した[110]。
「ああ、私の弟に（こんな）無法を犯した加害者のところへ私は行きたい。私は
〔　　したい〕。」

断片B

……………………
蝿は〔　　　〕
乙女イナンナは〔　　　　〕
その家〔　　　〕
〔私の〕犬〔　　　〕のごとく〔　　　〕させないように。

〔今や〕イナンナの運命〔　　　　　　　　　　　　〕。
〔ドゥムジ〕は嘆いた――[111]
「私の〔姉〕はやってきた。彼女を私は〔受けとめた。〕手〔　　　〕
〔　　〕、ああ、〔　　　〕。」
「あなたが半年、あなたの姉さんが半年、
あなたが〔元気に〕動きまわっている間は、〔彼女は倒れ伏し〕、
あなたの姉さんが〔元気に〕動きまわっている間は、〔あなたが倒れ伏すのです〕。
〔　　〕[112]」
浄らかなイナンナはドゥムジをその身代わりに与えた。
浄らかなエレシュキガルよ、
あなたの讃歌〔を歌うこと〕はすばらしい。

ギルガメシュとアッガ

エンメバラゲシ[1]の子アッガ[2]の使者達が
キシュ[3]からギルガメシュ[4]へ、ウルク[5]へやって来た。
ギルガメシュは彼の町の長老たちの前で
述べた、（そして彼らの）言葉を求める――
「井戸を完成するために、（シュメールの）国のあらゆる井戸を完成するために、
井戸、国の小さな壺を完成するために、
井戸を掘るために、締り縄を仕上げるために、
キシュの家にわれわれは屈服するまい。武器で（もって）打ち破ろうではない
か[6]！」
彼の町の長老たちの召集された集会は
ギルガメシュに答える――
「井戸を完成するために、国の井戸を完成するために、

井戸、国の小さな壺を完成するために、
井戸を掘るために、締り縄を仕上げるために、
キシュの家にわれわれは屈服しようではないか！　武器で（もって）打ち破るのは
よそう[7]！」
ギルガメシュ、クラブ[8]の主は、
イナンナ女神[9]を信頼して、
彼の町の長老たちの言葉を心の中に受け入れなかった。
次に、クラブの主ギルガメシュは
彼の町の青年たちの前で述べた、（そして彼らの）言葉を求める——
「井戸を完成するために、国のあらゆる井戸を完成するために、
井戸、国の小さな壺を完成するために、
井戸を掘るために、締り縄を仕上げるために、
キシュの家に、汝らよ、屈服するな！　武器で（もって）打ち破ろうではない
か！」
彼の町の青年たちの召集された集会でギルガメシュに答える、
立っている者たちも、坐っている者たちも、
王とともに集《つど》っている息子たちも、

ロバの腿部を押す者たち[10]も
生命を有する者は皆（こぞっていう）――
「キシュの家に、汝らよ、服従するな！　さあ、武器で（もって）打ち破ろうでは
　ないか！
神々の創り給うたものなるウルク、
その各所をお作りになったのは実に大神たちであるが――
天へ登っていく[11]神殿エアンナ[12]――
砂塵の雲に接するそれの大きな城壁[13]、
アン[14]神が創り給うたその崇高な住居[15]、
（それを）あなたは警護してきた[16]。あなた、雄々しい王は。
〈　〉にしてアン神が愛顧なさる君侯よ、
（それなのに）いったいどうして彼（アッガ）が来るのを恐れることなぞありまし
　ょうぞ！
その（キシュの）軍隊は少数で、それの後衛は散らばっている。
それの人々は顔を（高く誇らかに上げて）あなたのところに〈向ってきたりしませ
　ん[17]〉。」
その時、クラブの主ギルガメシュは

彼の町の青年たちの言葉に、彼の心を喜ばせ、彼の気持を明るくさせた。

彼の僕《しもべ》エンキドゥ[18]に言う――

「さあ、畑道具の[19]（代りに）闘いの力を用意せよ！

汝の腕に（再び）闘いの武器を取り戻せ！

おそろしい輝き[20]を作り出さしめよう。

彼（アッガ）がやって来たならば、私のおそろしい輝きは彼を包み込んでしまいますように！

彼の悟性は千々に乱れ、彼の賢い配慮もバラバラになってしまいますように！」

日々は五日ではなかった、十日ではなかった[21]。

エンメバラゲシの子アッガ（の軍勢）はウルクを取り巻いた。

ウルク――それの悟性は千々に乱れてしまった。

クラブの主ギルガメシュは
それ（ウルク）の戦士たちへ語る――

「ああ、私の戦士たちは〈陰鬱な顔付きをしている〉ではないか。

さあ、勇気のある者よ、立ち上れ！ 私はアッガのもとにその者を遣《つかわ》そう。」

彼の〈王付き将校[22]〉ギリシュフルトゥル[23]は
彼の王へ称讃（の言葉）を述べる――

「私がアッガのもとへ赴きましょう。

彼の悟性など千々に乱れ、彼の賢い配慮もバラバラになってしまいますように！」

ギリシュフルトゥルは町の大門から出ていった。

ギリシュフルトゥルが町の大門から出ていったとき
町の大門のところで彼らは彼をつかまえた。

ギリシュフルトゥルの肉体を彼らは押しつぶす。[24]

アッガの前に彼は連行された。

アッガに向って彼は言う。[25]

彼の言葉がまだ終っていない（そのとき）、ウルクのザバルダブ[26]が城壁へ昇っていった。

彼は城壁の上に首を〈のぞかせた〉。

アッガは彼を見た。

（そして）ギリシュフルトゥルに問う——

「僕《しもべ》よ、あの男は汝の王か。」

「あの男は私の王ではありません。

もしあの男が私の王であるならば、
彼の顔はライオンの顔でありましょうし、[27]

彼の眼は野牛の眼でありましょう。
（彼のひげはまた）ラピスラズリ[28]のひげでありましょうし、
彼の指は美しい指でありましょうに。」
〈キシュ軍の〉群集は〈打ちのめされ〉もせず、群集は〈逃げ去り〉もしなかった。
群集は土の中をのたうちまわることもなかった[29]。
すべての他国（者たち）誰一人震え上りもしなかった。
国土の（人々の）口は土で溢れることがなかった。
円舟の船首は（船から）切り取られることがなかった[30]。
キシュの王アッガの兵士たちの心は圧倒されなかった。
彼らは彼（ギリシュフルトゥル）をそこでたたき、打ちのめす。
ギリシュフルトゥルの肉体を押しつぶす。
ウルクのザバルダブの後に（続いて）ギルガメシュも城壁の上に登る。
恐ろしい輝き[31]がクラブの老人をも青年をも覆った。
ウルクの人々は闘いの武器を手にした。
町の大門のとびら——そこの路上に彼らは立ちふんばった。
エンキドゥは町の大門から出て行った[32]。
ギルガメシュは城壁の上に首を〈のぞかせた〉。

アッガは彼を見た——
「僕《しもべ》[33]よ、あの男は汝の王か。」
「あの男はまさしく私の王です。」
彼がこう語るや否や、
群集は〈打ちのめされ〉てしまった。群集は〈逃げ去った〉。
群集はほこりの中をのたうちまわった。
すべての他国（者たち）は震え上った。
国土の（人々の）口は土で溢れた。
円舟の船首は（船から）切り取られてしまった。
キシュの王アッガの兵士たちの心は圧倒されてしまった。[34]
クラブの主ギルガメシュは
アッガに向って語る——
「おお、アッガ、私の隊長、アッガ、私の監督官よ、
私のアッガ、兵士たちの将軍よ、[35]
アッガよ、あなたは逃げてきた鳥に[36]大麦をたくさんくれた。
アッガよ、あなたは私に魂をくれた。アッガよ、あなたは私に生命をくれた。[37]
アッガよ、あなたは逃亡者に安息の地をくれる。[38]」

「神々の創造物であるウルクを、
天に接する大城壁を、
アンが基礎を築いた崇高な住居《すまい》を、
あなたは守った、あなた雄々しい王[39]は。
〈　〉、アンが愛してくれている君侯[40]は
キシュへ向けてアッガを解放してくれた[41]。」
「ウトゥ[42]の前で、私は昔日の恩顧[43]をあなたに返しましたよ[44]。」
ギルガメシュ、クラブの主よ、
あなたの誉れはすばらしい。

ドゥムジとエンキムドゥ
――牧羊神と農耕神の言い争い――

〈　　〉彼は優《やさ》しく妹に語る、
ウトゥ[1]は優しく妹に語る――

「天の女王[2]よ、栽培された亜麻は〈熟れている[3]〉。

イナンナよ、栽培された亜麻は〈熟れている〉。

畝の大麦は喜びで〔　　　〕している。

妹よ、最上等の亜麻の上を喜びが〈走っていく〉。

イナンナよ、最上等の亜麻の上を喜びが〈走っていく〉。

〔　〕の王[4]を私はあなたの前につれてきたい。羊小屋〔の人[5]を〕私はあなたの前につれてきたい。

天の女王よ、栽培された亜麻を私はあなたのためにもってきたい。

イナンナよ、栽培された亜麻を私はあなたのためにもってきたい[6]。」

「お兄さん、あなたが私に栽培された亜麻を持ってきて下さったあとで、
誰がそれを私のために梳《くしけず》るのですか、誰がそれを私のために梳るのですか。
これらの亜麻を私のために、いったい誰が梳るのですか。」
「私の妹よ、私があなたのためにそれを梳《す》く者を連れてこよう。
イナンナよ、私が〔あなたのためにそれを梳く者を連れてこよう〕。」
「お兄さん、あなたが私のためにそれを梳く者を〔連れてきて下さったあとで〕、
誰がそれを私のために紡《つむ》ぐのですか、誰が私のためにそれを紡ぐのですか。
これらの糸を私のために、いったい誰が紡ぐのですか。」
「私の妹よ、私があなたのためにそれの紡ぎ手を連れてこよう。
イナンナよ、私があなたのためにそれの紡ぎ手を連れてこよう。」
「お兄さん、あなたが私のためにそれの紡ぎ手を連れてきて下さったあとで、
誰が私のためにそれを二つ撚《よ》りにするのですか、誰が私のためにそれを二つ撚りに
　するのですか。

これらの糸を私のために、いったい誰が二つ撚りにするのですか。」
「私の妹よ、私があなたのためにそれの撚糸工を連れてこよう。
イナンナよ、私があなたのためにそれの撚糸工を連れてこよう。」
「お兄さん、あなたが私のためにそれの撚糸工を連れてきて下さったあとで、
誰がそれを私のために〈　　〉[7]するのですか、誰がそれを私のために
〈　　〉するのですか。
これらの糸を私のために、いったい誰が〈　　〉するのですか。」
「私の妹よ、私があなたのためにそれを〈　　〉する人を連れてこよう。
イナンナよ、私があなたのためにそれを〈　　〉する人を連れてこよう。」
「お兄さん、あなたが私のためにそれを〈　　〉する人を連れてきて下さった
あとで、
誰が私のためにそれを織るのですか、誰が私のためにそれを織るのですか。
これらの糸を私のために、いったい誰が織るのですか。」

「私の妹よ、私があなたのためにそれの織工を連れてこよう。

イナンナよ、私があなたのためにそれの織工を連れてこよう。」

「お兄さん、あなたが私のためにそれの織工を連れてきて下さったあとで、
誰が私のためにそれを〔裁つ〕[8]のですか。誰が私のためにそれを〔裁つ〕のですか。

これらの糸を私のために、いったい誰が〔裁つ〕のですか。」

「私の妹よ、私があなたのためにそれの〔裁断工〕を連れてこよう。

イナンナよ、私があなたのためにそれの〔裁断工〕を連れてこよう。」

「お兄さん、あなたが私のためにそれの〔裁断工〕を連れてきて下さったあとで、
誰が私と寝るのですか、誰が私と寝るのですか。」

「彼があなたと寝ますように！　彼があなたと寝ますように！

〔あなたの〕夫があなたと寝ますように！

アマウシュムガルアンナ[9]があなたと寝ますように！
クリエンリル[10]があなたと寝ますように！
〝正しい胎〟から生まれた者があなたと寝ますように！
〝王が産み給うた者〟があなたと寝ますように！」

「とんでもない！　私の心の人は、私の心の人は、
私の心が（結婚したいと）語りかけているその人は、
鋤をもって耕すこともなしに倉々に（穀物を）積み上げます。
大麦を倉庫に（豊かに）引き渡します。
その農夫は彼の大麦が穀倉の内にたくさん（積んである、そのような人）です。[11]
（ところがあの）牧人ときたら羊を小屋に充しているだけです。[12]」

「乙女よ、羊小屋を〔　　　　　する者〕、
乙女イナンナよ、家畜小屋を〔　　　　　する者〕[13]（と）、
畝の上で（腰を）かがめて〔　　　　　する者〕
イナンナよ、溝や水路を豊かにする者[14]（との二人がいる。）
着物〔　　　　　〕

天の女王よ、〔　　　　〕
あなたは〔　　　　〕ではない、〔　　　　〕
〔　　　〕
〔あなたは〕牧人の妻〔となりますように！〕

彼女の兄、英雄、若者のウトゥは
浄らかなイナンナに向って（さらに）語る——

「私の妹よ、あの牧人があなたを妻としますように！
乙女イナンナよ、なぜあなたは気に入らないのかね。
彼のバターはすてきだし、彼のミルクは甘いではないか。
牧人——その彼がさわるものは何でも輝かしい。
イナンナよ、ドゥムジが（あなたを）娶《めと》りますように！
ウヌ石とシュバ石で飾られた（乙女）よ、なぜあなたは気に入らないのだ、
彼のすばらしいバターを。あなたは彼と一緒に食べるのだよ。
王、保護者が、なぜあなたの気に入らないのだ。」

「私を、その牧人が妻にはしないでしょう。[15]
彼の新しい〔着物〕で私を彼はくるまないでしょう。
彼の〔最上の羊毛〕は決して私に〈ふれない〉でしょう。
私、乙女を農夫こそ妻としてくれますように！
豆を成長させる農夫、
大麦を成長させる農夫、
〔　　　　　　　〕
〔　　　　　　　〕
〔　　　　　　　〕
〔　　　　　　　〕
〔　　　　　　　〕
〔　　　　　　　〕
〔　　　　　　　〕
〔　　　　　　　〕
私〔と農夫が結婚してくれますように〕！」

その（イナンナの）言葉は〔　　　　　　　〕

牧人にとって〔　　　　　　[16]〕
灌漑渠と〈水路の〉王[17]〔に対抗して〕
牧人ドゥムジは彼の貴婦人に向って語る――

〔　　　　〕
あの農夫が私よりも、農夫が私よりも、あの農夫がいったい何において私よりもまさっているというのだろうか。
灌漑渠と水路の人エンキムドゥが
私よりも、あの農夫が、何において私にすぐれているというのだろうか。
（もし）彼が彼の黒い粉[18]を私にくれるというならば、
農夫には私の黒い牝羊[19]をその代りにあげよう。
（もし）彼が彼の白い粉を私にくれるというならば、
農夫には私の白い牝羊をその代りにあげよう。
（もし）彼が彼の最上等のビールを私に注いでくれるとしたら、
農夫には私の黄色いミルクをその代りに注いであげよう。
（もし）彼が彼の甘いビールを私に注いでくれるならば、
農夫には私のヨーグルトをその代りに与えよう。

（もし）彼が私に彼の〈念入りに作られた〉ビールを注いでくれるとしたら、
農夫には私の（よく）〈攪拌された〉ミルクをその代りに注いであげよう。
彼が（もし）彼の苦味のあるビールを私に注いでくれるならば、
農夫には私は私の〈　　〉ミルクをその代りに注いであげよう。
（もし）彼が私に彼の甘いハルハル[20]をくれるならば、
私はその代りに私のイティルダ[21]を農夫に与えよう。
（もし）彼が私に彼の甘いパンをくれるならば、
私はその代りに私の蜜入りのチーズを農夫に与えよう。
（もし）彼が私に彼の小さな〈豆〉をくれるとしたら、
私はその代りに私の小さなチーズを農夫に与えよう。
（しかもその上）彼が[22]（これらのものを）食べてしまったならば、彼が（これらのものを）飲んでしまったときには、
私は彼に（さらに）おまけのバターを贈ろう。
私は彼に（さらに）おまけのミルクを贈ろう。
いったい何においてこの私にあの農夫がまさっているというのだろうか。」
喜んだ[23]、喜んだ、灌漑された土地[24]の〈上〉で喜んだ。

灌漑された土地で牧人は、灌漑された土地で彼は〔喜んだ。〕
牧人は灌漑された土地で羊を放った。
灌漑された土地で羊を放っている牧人に、
農夫が牧人に〔近づいてきた。〕
農夫のエンキムドゥが〔近づいてきた。〕
ドゥムジは灌漑渠と水路の王、農夫〔を見た。〕
彼の草原で牧人は、彼の草原で彼（エンキムドゥ）と諍《いさか》い（を始める）[25]。
牧人ドゥムジは彼の草原で彼と諍い（を始める）。

「私が君と、ねえ牧人よ、君と、牧人よ、私が君と、
なんだって張り合ったりする[26]だろうか。
君の羊たちは土手の草を食《は》みますように！
私の穀物の中[27]を君の羊たちは（自由に）歩きまわりますように！
ウルク[28]の輝ける畑の中で、穀物を食みますように！
君の羊や仔羊は私のイトゥルンガル川[29]で水を飲みますように！」
「私、牧人は、私の結婚式に、
農夫（の君を）是非とも私の友人として迎え入れよう。

農夫のエンキムドゥを私の友人として、農夫を私の友人として
私は是非とも迎え入れよう。」
「小麦を私はあなたに[30]もっていきましょう。豆を私はあなたにもっていきましょう。
〈　　　〉[31]を私はあなたにもっていきましょう。
乙女に、あなたに与えられるべき（すべての）ものを、
乙女イナンナに、あなたに私はワニスと〈　　　〉豆とをもっていきましょう。」 一四〇
牧人と農夫との口論の中で
おお乙女イナンナよ、あなたの讃辞はすばらしい。[32]
この物語は交互に歌い合うものである。 一四四

ウルの滅亡哀歌

彼[1]は彼の牛小屋を見捨てた。彼の羊小屋は空《から》になってしまった[2]。

野牛は彼の牛小屋を見捨てた。彼の羊小屋は空になってしまった。

諸国の主は（彼の牛小屋を）見捨てた。彼の羊小屋は空になってしまった。

エンリルは聖堂ニップールを見捨てた。彼の羊小屋は空になってしまった。

彼の妻ニンリルは（彼女の家を）見捨てた。彼女の羊小屋は空になってしまった。

ニンリルはそこの家キ〔ウル〕を見捨てた。彼女の羊小屋は空になってしまった。

ケシュ[3]の貴婦人は（彼女の家を）見捨てた。彼女の羊小屋は空になってしまった。

ニンマフ[4]はケシュにある彼女の家を見捨てた。彼女の羊小屋は空になってしまった。

イシン[5]の人は（彼女の家を）見捨てた。彼女の羊小屋は空になってしまった。

ニンイシンは聖堂エガルマフを見捨てた。彼女の羊小屋は空になってしまった。

ウルク[6]の地の貴婦人は（彼女の家を）見捨てた。彼女の〔羊小屋は〕空になってしまった。

イナンナはウルクで彼女の家を見捨てた。彼女の羊小屋は空になってしまった。

ナンナル[7]はウルで（家を）見捨てた。彼の羊小屋は〔空〕になってしまった。

シン[8]はエキシュヌガル[9]を見捨てた。彼の羊小屋は空になってしまった。

彼の妻ニンガル[10]は（彼女の家を）見捨て〔た。彼女の羊小屋〕は空になってしまった。

ニンガルは彼女の浄らかなエガラ神殿を見捨て〔た。彼女の羊小屋〕は空になってしまった。

エリドゥ[11]の野牛は（彼の家を）見捨てた。彼の羊小屋は空になってしまった。

エンキはエリドゥで彼の家を見捨てた。彼の羊小屋は空になってしまった。

ニンアシュテはララク[12]で彼女の家を見捨てた。彼女の羊小屋は空になってしまった。

シャラはエマフ[13]神殿を見捨てた。彼の羊小屋は空になってしまった。

ウサハラはウンマで彼女の家を見捨てた。彼女の羊小屋は空になってしまった。

ババ[14]はウルクッガ[15]を見捨てた。彼女の羊小屋は空になってしまった。

浄らかなバガラ[16]、彼女の小部屋を彼女は見捨てた。彼女の羊小屋は空になってしまった。

彼女の息子アブババは（彼の家を）見捨てた。彼の羊小屋は空になってしまった。

アブババはマグエンナ[17]を見捨てた。彼の羊小屋は空になってしまった。

「浄らかな神殿」の守護神[18]は（彼女の家を）見捨てた。彼女の羊小屋は空になってしまった。

守護神はエタルシルシルを見捨てた。彼女の羊小屋は空になってしまった。

ラガシュの「媼《おうな》[19]」は（彼女の家を）見捨てた。彼女の羊小屋は空になってしまった。

ガトゥムドゥグはラガシュで彼女の家を見捨てた。彼女の羊小屋は空になってしまった。

シララン[20]の貴婦人は（彼女の家を）見捨てた。彼女の羊小屋は空になってしまった。

「大いなる貴婦人[21]」はシラランで彼女の家を見捨てた。彼女の羊小屋は空になってしまった。

キニルシャ[22]の貴婦人は（彼女の家を）見捨てた。彼女の羊小屋は空になってしまった。

ドゥムジアブズはキニルシャで彼女の家を見捨てた。彼女の羊小屋は空になってしまった。

グアバ[23]の貴婦人は（彼女の家を）見捨てた。彼女の羊小屋は空になってしまった。
ニンマルはグアバの聖堂を見捨てた。彼女の羊小屋は空になってしまった。

（以上）第一幕

彼の羊小屋は空っぽになってしまった。それを嘆く声をあげて彼[24]は悲しんでいる。
〈　　〉の野牛はもはや牛小屋にはいないのだ。貴い牛小屋はもはや〈　　〉ではなくなってしまった。

それへの返し歌である。

ああ、町よ、お前を嘆く哀歌が激しい[25]。
お前を思って哀歌が、ああ、町よ、激しいことだ。
彼の破壊された良い町を嘆く哀歌が激しい。
彼の破壊された（町）ウルを嘆く哀歌が激しい。
お前を思って哀歌が、ああ、町よ、激しいことだ。
彼の破壊されたウルを嘆く哀歌が激しい。
お前を嘆く激しい哀歌を、涙する主は、いったいいつまで続けるのだろうか。

お前を嘆く激しい哀歌を、涙する人ナンナルは、いったいいつまで続けるのだろうか。
ウルのレンガ[26]よ、お前を思って哀歌が激しいことだ。
エキシュヌガルよ、お前を思って哀歌が激しいことだ。
聖堂エガラよ、お前を思って哀歌が激しいことだ。
大いなる上地キウルよ、お前を思って哀歌が激しいことだ。
聖堂、ニップール、〈町〉よ、お前を思って哀歌が激しいことだ。
エクル[27]のレンガよ、お前を思って哀歌が激しいことだ。
マギシュシュア[28]よ、お前を思って哀歌が激しいことだ。
「集会の（催される）中庭[29]」よ、お前を思って哀歌が激しいことだ。
ウルクッガのレンガよ、お前を思って哀歌が激しいことだ。
エタルシルシルよ、お前を思って哀歌が激しいことだ。
マグエンナよ、お前を思って哀歌が激しいことだ。
イシンのレンガよ、お前を思って哀歌が激しいことだ。
聖堂エガルマフよ、お前を思って哀歌が激しいことだ。
ウルクの地のレンガよ、お前を思って哀歌が激しいことだ。
エリドゥのレンガよ、お前を思って哀歌が激しいことだ。

お前を嘆く激しい哀歌を、涙する主は、いったいいつまで続けるのだろうか。

お前を嘆く激しい哀歌を、涙する人ナンナルは、いったいいつまで続けるのだろうか。

名高い町よ、お前は壊れてしまった。

城壁[30]の（高く）そびえる町よ、お前の国土[31]は滅んでしまった。

私の町よ、良い母羊（から）のごとく、お前の仔羊たちはお前から離れてしまった。

ウルよ、良い牝山羊（から）のごとく、お前の仔山羊たちはお前からひったくられてしまった。

町よ、敵にとっては恐ろしい輝きだったお前の礼拝しきたりは、
お前の神力は、他の[32]神力に変《へん》じてしまった。

お前を嘆く激しい哀歌を、涙する主は、いったいいつまで続けるのだろうか。

お前を嘆く激しい哀歌を、涙する人ナンナルは、いったいいつまで続けるのだろうか。

（以上）第二幕

彼の〔壊されてしまった良き町〕を嘆く哀歌が激しい。

彼の壊されてしまったウルを嘆く哀歌が激しい。
　それへの返し歌である

家を壊されてしまった女主人[33]とともに、彼女の町は涙に、沈む。
その国土を滅ぼされてしまった人ナンナルに向って、
ウルは激しく悲嘆にくれる。
誠実な婦人、女主人[33]は彼女の町のために休ませない[34]ように、
ニンガル〔は〕彼女の〔国土〕のために眠らせないように、
彼[35]のところへ、彼女の町のことで赴いて、激しく嘆く。
主人[35]のところへ、彼女の壊されてしまった家のことで赴いて、激しく嘆く。
彼女の〔壊されてしまった町のことで〕、彼のところへ赴いて、激しく嘆く。
彼女の壊されてしまった〔家のことで〕、彼のところへ赴いて、それ[36]とともに激し
　く哀悼する。
その婦人は、彼女の〔　　　〕、涙のリラを大地に立ててから、
みずからうたう、破滅した家のための悲歌を静々と――
『嵐[37]が私を訪れて[38]――悲歎が私を満たした[39]。

この嵐の故に私は悲しむ。

私、婦人をある嵐が訪れて、それへの涙が私を満たした。

嵐が私を訪れて、悲歎が私を満たした。

その日には、辛い嵐が私を訪れた。

私はその嵐がこわくてうち慄える。

この嵐の力には私は立ち向い難い。

その〈　　　〉嵐の故に、私の治めている期間には良い日は一日たりとも、私の治めている期間には良い日は一日たりともみられない。

夜には激しい嘆きが私を訪れた。

私はこの夜がこわくてうち慄える。

私はこの夜の力〔には〕立ち向い難い。

ハリケーンのごとく（あらゆるものを）滅ぼしてしまうこの日に対する恐怖が私を圧倒し、

その〔　　　〕、夜の私の床《とこ》には、私の夜の床には〈平安は〉なくなってしまった。

その〈　　　〉嵐の故に、私の床の静けさは、私の床の静けさは〈　　　〉。

私の国土には激しい〔哀歌〕が訪れてきているので、

私は、仔牛（をつれた）雌牛のごとく〈　　　　〉。
（しかし）、私の国土は（私の努力にもかかわらず）〔その恐怖〕から解放されていない。
私の町には辛い苦痛がおおっているので、
天（飛ぶ）鳥のごとくに私ははばたいて、
私の町へと何度も飛んでいくのだが、
（しかし）、私の町はそれの根底から〔　　　〕破壊され、
ウルはそれの場で[40]〔　　　〕滅んでしまった。
暴風の「手」が上からふりかかってきたので、
私は叫んだ――「荒野へ、暴風よ、戻れ！」と。（このように）私は彼に向って叫んだ。
（しかし）、暴風は立ち上ろうともしなかった。
私、（気高い）婦人の浄らかなエガラ、私の貴婦人たる（にふさわしい）家は、
――それの長い日の続くことを（運命として神々は）私のために定めてくれていたのですが――
涙と嘆きを伴って大地にひれ伏している。[41]
その家は、「黒頭たち」[42]が心を喜ばせる場所であるので、

（ことさらに）それの祭日の代りに（神々は）怒りと不幸と〔　　　〕とを二倍
　に増してしまった。
それの〈　　〉嵐の故に、私の家、すばらしい場所、
破壊されてしまった私の良い家を、人はもう（二度と）見ることができなくなって
　しまった。
〈悲しみ〉と辛い哀悼の中へ、
辛い哀悼の中へ（神々はそれを）つき入れ[43]てしまった。
「正しい」人が建てた私の家を
庭の葦小屋であるかのごとくに人々は〈ズタズタに壊してしまった〉。
私のエキシュヌガル神殿、王者の家に、
私のすばらしい家、人々が（いまや）嘆き悲しんでいるその家に、
欺瞞においてそれが建ち、真実においてそれが滅びるであろうということを、[44]
（神々は）その（家の）運命[45]として定めてしまった。
収穫地（に建てられる仮り）小屋が壊されるように、[46]
収穫地（に建てられる仮り）小屋が壊されるように、風雨にそれはさらされた。
ウルは、私の（すべてに）優越する小部屋は、
引き裂かれてしまった〈静かな町〉の私の家は、

羊飼いの羊小屋（である）かのように壊されてしまった。
（その）町の中に置いておいた私の財貨は略奪されてしまった。[47]』
　　（以上）第三幕

ウルは涙に沈んだ。
　　それへの返し歌である。

『暴風が（町を）荒々しく投げ倒すことになったときに、[48]
女主人〈におかまいなく[49]〉彼女の町を破壊することになったときに、
暴風が（町を）荒々しく〈取り毀す〉ことになったときに、
私の町を破壊するようにと、（神々が）命じたときに、
ウルを破壊するようにと、命じたときに、
それの民《たみ》を殺してしまうようにと、指令したときに、
そのとき（それでも）私は私の町を去らなかったし、
私の国土を見捨てもしなかった。
アンの前で私は私の涙を流し、

エンリルに向っては私自ら哀願した。
「私の町は破壊されるようなことがあってはなりません」と、私は彼らに言ったのに。
「ウルは破壊されるようなことがあってはなりません」と、私は彼らに言ったのに。
「それの民は滅ぼされるようなことがあってはなりません」と、私は彼らに言ったのに。
（ところが）アンはその言葉で翻意し[50]なかったし、
エンリルは「それが良い。そうであるべきだ！」と私の心を鎮めてくれはしなかった。
再度、（神々の）集会が催された[51]とき、
アヌンナキ[52]たちが断固たる決議とともに坐っているとき、
私は膝を〈屈し〉[53]、腕を差し伸ばし、
アンに向って私の涙を流し、
エンリルに向って私自ら哀願した。
「私の町は破壊されるようなことがあってはなりません」と、私は彼らに言ったのに。
「ウルは破壊されるようなことがあってはなりません」と、私は彼らに言ったのに。

「それの民は滅ぼされるようなことがあってはなりません」と、私は彼らに言ったのに。
(ところが)アンはその言葉で翻意しなかったし、
エンリルは「それが良い。そうあるべきだ!」と私の心を鎮めてくれはしなかった。
私の町を破壊するようにと、(神々は改めて)指令した。
ウルを破壊するようにと、彼らは指令した。
それの民を殺してしまうことを、彼らはそれ[54]の運命として定めてしまった。
私が彼らに異議を〈唱えた〉ので[55]、
彼らは私を私の町といっしょに結びつけてしまい、
私のウルを私といっしょに結びつけてしまった。
アンは自分の言葉をこのように決して翻さないだろうし、
エンリルは自分の発した言葉を決して変えないことだろう[56]。』

(以上) 第四幕

彼女の町は彼女とともに壊されてしまった。彼女の〈神力〉は否定されてしまった。

それへの返し歌である。


エンリルは嵐[57]に向って叫んだ――人々は嘆き悲しむ[58]。

豊かさ（をもたらす）風[59]を国土から奪い去ってしまった――人々は嘆き悲しむ。

良い風をシュメールから奪い去ってしまった――人々は嘆き悲しむ。

悪い風に彼は命じた――人々は嘆き悲しむ。

嵐の支配人[60]キンガルウッダの手中に彼は（悪い嵐を）与えた。

国土を滅ぼし尽す暴風に彼は呼びかけた――人々は嘆き悲しむ。

悪い風に彼は叫んだ――人々は嘆き悲しむ。

エンリルはギビル[61]を自分の助手とし、
天の大暴風に呼びかけた――人々は嘆き悲しむ。

天から雄哮《おたけび》をあげる大暴風は――人々は嘆き悲しむ。

大地で吼《ほ》え立てて国を滅ぼし尽す暴風は――人々は嘆き悲しむ。

堤防を貫く裂目の如く制御し難い悪い風は、
町[62]の舟々に襲いかかってはひと飲みにしてしまう[63]。

彼はこれらをすべて天の土台に集合させた――人々は嘆き悲しむ。

彼は暴風の目の前で火を放った——人々は嘆き悲しむ。

荒々しい暴風とともに荒野の灼熱の熱さを放った。

雨を（たっぷり）含んでいる〈雲〉〔のごとくに〕彼は火をたっぷりと降り注がせた[64]。

昼間の輝かしい光、良い光を彼は〈摑んだ[65]〉。

（そこで）国土には輝く太陽は昇らなくなり、夕方の星のごとく（ぼんやりと）輝くだけだった。

喜びと〈涼しさ[66]〉のある（はずの）夜を南風が[67]〈摑んだ〉。

彼らの〈さかずき〉はほこりでおおわれている[68]——人々は嘆き悲しむ。

「黒頭たち」の上を風が吹き抜けていった——人々は嘆き悲しむ。

シュメールに罠《わな》が〈しかけられた〉——人々は嘆き悲しむ。

国中で人（々）は（防禦）壁を構築するが、（それでも暴風は）それを全部まとめて無にしてしまった[69]。

（どんな）涙もその悪い風に、（害のないようにと）願うことはできない[70]。

あらゆるものの上を吹きすさぶ暴風は国土を打ち震わせた。

暴風は洪水のごとくに町々を破壊した。

国土を滅ぼし尽す暴風は町に〈（死の）沈黙〉をすえつけた。

すべてを失わせてしまう暴風は禍をもたらしながらやってきた。
火のごとくに焼きつくす暴風は人々に〈空虚さ〉をすえつけた。
エンリルが憎しみにまかせて命令を下した暴風は、国土を切り刻む暴風は、
ウルの上に、衣服のごとくに覆いかぶさって、リンネル（布）のごとくに拡がった。

（以上）第五幕

暴風はライオンの（ごとく）勢いあふれて突進する——人々は嘆き悲しむ。
それへの返し歌である。

この日、嵐は町から過ぎ去った。その町は廃墟に（なっていた）[71]。
父なるナンナルよ、その町は廃墟に〈された〉——人々は嘆き悲しむ。
嵐が国から過ぎ去っていったこの日、——人々は嘆き悲しむ。
こわれたかけらがではなくて、それの人々[72]が、郊外に満ち満ちた。
それの城壁にはたくさん割れ目が生じた——人々は嘆き悲しむ。
（以前は人々が）通過していったそれの壮大な大門にはいくつも死体が横たわって

いる。
祭りが催された広場[73]には（死体が）〈まきちらされて〉いる。
（以前は人々が）通っていったあらゆる道路にはいくつも死体が横たわっている。
国の踊りが催された場所には、人々が重なりあって投げ（捨てられて）いる。
国土の血は、（鋳型に注がれる）銅や錫同様に、窪地の中へ〈注ぎ込まれた〉。
それらの死体は、日向《ひなた》のバターのごとく、自然と融けていく[74]。
戦闘斧[75]で命の果てた人々は頭にヘルメットをかぶっていないで、
罠に捕えられたかもしかのごとく、口は土にふれている。
投槍で殺された人々はバンド[76]を結んではいないで、
あたかも母親が（彼らを）産んだ所にいるかのごとくに、血（の海）の中に横たわ
っている[77]。
ミトゥム武器に当って命の果てた人々は（どんな）〈　〉をも身にまとってはい
なかった。
ビールを飲んでもいなかったのではあるが、人々は〈ふらふらとしていた[78]〉。
（敵の）武器に身をさらす者[79]を武器は打ち殺した――人々は嘆き悲しむ。
（そこから）逃げ出す者は暴風が金縛にした――人々は嘆き悲しむ。
ウルの弱者も強者も飢えで果てていった。

家を去らなかった老人、老婆は火で焼（き殺さ）れた。

母親のひざの上で寝ている子供たちは魚のごとく、水に連れ去られてしまった。

乳母の〈ふところは、ほどけてしまった〉。

国土のプランは失われてしまった――人々は嘆き悲しむ。

国土の策謀は蹂躙《じゅうりん》されてしまった――人々は嘆き悲しむ。

母親はその子供たちから目を離した――人々は嘆き悲しむ。

父親は彼の子供に（背を）向けてしまった――人々は嘆き悲しむ。

町では妻が捨てられ、子供たちが捨てられ、財貨が散り散りになってしまった。

「黒頭たち」は彼らが〈　　〉。

それ[80]の女主人は飛び去る鳥のごとくに彼女の町から出ていった。

ニンガルは飛び去る鳥のごとく彼女の町から出ていった。

国土に集めおかれたあらゆる財貨はくつがえされた。

国土に数多く（建てられた財宝）庫には火が放たれた。

運河では浄らかな人ギビルが仕事を成就した[81]。

幾重にも重なっている到達し難い山、エキシュヌガル（神殿[82]）を、
その良い家を大きな戦闘斧がいくつもいっしょに食いちらした。

スー人《びと》やエラム人[83]など破壊者は（エキシュヌガルを）まったくないがしろにし、

その良い家を鍬[84]に引き渡した[85]――人々は嘆き悲しむ。 二四五
彼らは町を廃墟にしてしまう――人々は嘆き悲しむ。

それの女主人は「ああ、私の町よ！」と叫び、「ああ、私の家よ！」と叫ぶ。

ニンガルは「ああ、私の町よ！」と叫び、「ああ、私の家よ！」と叫ぶ。

『私、（良い）婦人の、私の町は壊されてしまい、私の家は壊されてしまった。

ナンナルよ、ウルは壊されてしまい、それの民は散り散りになってしまった[86]！』 二五〇

（以上）第六幕

彼女の牛小屋で、彼女の羊小屋の中で、（この）婦人は悲痛な言葉をはく―― 二五三
『町を暴風が壊してしまった！』と[87]。 二五三a

それへの返し歌である。

母なるニンガルは敵であるかのごとくに（町の）外に立ちつくす。
婦人[88]は彼女の破壊された家を思って烈しく嘆き、 二五五
女王[89]は彼女の破壊されたウルの聖堂のために辛そうに語る[90]――
『アンは私の町に呪いをかけて、私の町を壊してしまった。

エンリルは私の家をくつがえし、熊手（でそれを）たたきのめした。

下《しも》つ方《かた》より私のところにやってきた者に彼は火を放ち、ああ、彼は私の町を壊してしまった。

エンリルは、上《かみ》つ方《かた》より私のところにやってきた者に炎を放った。

〈近郊〉[91]では〈近郊〉を彼はとり壊した。「ああ、私の町よ！」と私は叫びたい。

〈中の町〉では〈中の町〉を彼はとり壊した。「ああ、私の家よ！」と私は叫びたい。

〈近郊〉の私の家々は壊されてしまった。「ああ、私の町よ！」と私は叫びたい。

〈中の町〉の私の家々は壊されてしまった。「ああ、私の家よ！」と私は叫びたい。

私の町（の人口）は、上等の牝羊同様多くはない。それの良い羊飼いが去ってしまった。

ウル（の人口）は、上等の牝羊同様多くはない。それの良い牧童[92]が去ってしまった。

私の牛は牛小屋の中にもはや横たわっていない。それの牧者は去ってしまったのだ。

私の羊は羊小屋の中にもはや横たわっていない。それの羊飼いが去ってしまったのだ。

私の町の水路には泥が積って、[93]狐の住みか[94]がそこに造られた。

それ[95]の中には全然水が流れなくなった。[96]それの世話人が去ってしまったのだ。

私の町の耕地は大麦を全然産しなくなってしまった。それの農夫が去ってしまったのだ。

私の耕地は、鋤で（だけ）〈耕された〉耕地同様、ムルガナ雑草しか育てなくなってしまった。

蜜とブドウ酒を豊かに産した私の菜園と果樹園とは山の棘草だけしか育てなくなってしまった。

豊かさが満ち溢れていた私の草原はかまどのごとくに〈　〉してしまった。

密集した鳥[97]が喰い尽くす[98]ように私の財貨は〈まったく〉消費され尽くしてしまった。私は「ああ、私の財貨よ！」と叫びたい。

私の財貨を、下つ方より私のところにやってきた者が下つ方へと持ち去ってしまった。「ああ、私の財貨よ！」と私は叫びたい。

私の財貨を、上つ方より私のところにやってきた者が上つ方へと持ち去ってしまった。「ああ、私の財貨よ！」[99]と私は叫びたい。

私の銀や貴石、ラピスラズリをひとは私から散り散りにしてしまった。「ああ、私の財貨よ！」と私は叫びたい。

私の宝石をひとは私から〈奪って〉しまった。「ああ、私の財貨よ！」と私は叫びたい。

私の銀を、（それまで）銀など知りもしなかった人々がその腕[100]につけている。[101]

私の貴石を、（それまで）貴石など知りもしなかった人々がその頸《くび》につけている。

私のすべての鳥たち[102]はみんな私から飛び立ってしまった。「ああ、私の町よ！」と私は叫びたい。

私の娘や息子たちを彼らは〔家から〕連れ去ってしまった。「ああ、私の人々[103]よ！」と私は叫びたい。

ああ、私の娘たちを、彼らは他所の町へ、他国の旗印のもとへ行かせてしまった。

〔　　〕に（私の）男女を〈結んで〉しまった。

〔ああ〕、もう亡んでしまった〔私の町〕の、私はもはやその女王ではない。

〔ああ、ナンナルよ〕[104]、亡んでしまったウルの、私はもはやその主人ではない。

〈廃墟〉に私の家はなってしまった。私の町は壊されてしまった。

私、誠実な婦人に対して、私の町から全く他人の町になってしまった。

〈廃墟〉に私の町はなってしまった。私の家は壊されてしまった。

私、ニンガルに対して、私の〔家〕から全く他人の家になってしまった。

ああ、町は壊された。家もまた壊された。

ナンナルよ、聖堂ウルは壊された。その人々は殺された。

ああ、どこに私は住んだらよいのだろう。どこに私はいたらよいのだろう。

ああ、私の町から他人の町になってしまった。

私、ニンガルに対して、私の家から他人の家が〈できてしまった〉。

そこから、荒野からはるかに私は「ああ、私の町よ！」と叫びたい。

私の町、ウルからはるかに私は「ああ、私の家よ！」と叫びたい。』

彼女は自分の〔髪〕を、引き抜かれた葦の茎でもあるかのように、むしり抜く[105]。

まるで浄らかな太鼓であるかのように、彼女は自分の胸を打ちたたき、「ああ、私の町よ！」と叫ぶ。

彼女の目には涙が溢れ、悲しげに泣く――

『〔ああ、私の町から〕他人の町になってしまった。

〔私、ニンガルに対して、私の家か〕ら他人の家が〈できてしまった[106]〉。

ああ、私には牛小屋が壊されてしまって、牝牛らは私から散り散りになってしまった。

私、ニンガルは、〈未熟な[107]〉羊飼いみたいに、棍棒を牝羊に投げつけてしまった。

ああ、私は町から去っていく者、安らぎを得られぬ者。

私、ニンガルは家から出ていく者、住居の見つからない者！

だから私は他所の町の他所者（のごとくに）、頭を上げながらすわっている。[108]

〈　　　〉

〈　　　〉』

そこへ、彼[109]のところへと彼女の町のことで彼女[110]は近寄り、激しく泣いた[111]。

私の貴婦人は、彼女の壊されてしまった家の故に、彼のところへ近寄って、激しく
泣いた。

彼女の破壊された家の故に彼のところへ近寄って、激しく泣いた。

彼女の破壊された町の故に彼のところへ近寄って、激しく泣いた——

『ああ、私の町の運命をお語りしましょう、私の町の痛ましい運命を。

私、女主人は、私の壊されてしまった家[112]についてお語りしましょう、痛ましい私の
家の運命を。

ウルのレンガ[113]についてお語りしましょう、私の破壊されてしまったそれについて。

私の良い家、廃墟の丘にされてしまった私の町について。

あなたの[114]、壊されてしまった良い家の〈瓦礫《がれき》〉の上に私は臥《ふ》している。

斃《たお》れた牛のごとく、私はあなたの城壁から立ち上れません。

ああ、あなたの建設は当てにならないが、あなたの破壊は厳しかった[115]。

ああ、供物が私、婦人に供えられる私の聖堂、ウルよ、
その美しさに私は決して倦《う》んだことのない浄らかなエガラ[116]、私の新しい家よ、

（かつて）建てられはしたものの（今はもう）存在しない私の町[117]よ、なぜお前は壊されてしまったのだ。

壊され尽くした私の（町）よ、なぜお前は壊されてしまったのだ。

悪い嵐に（対して）発せられた（神々の）力もお前に味方しなかった[118]。

シン[119]の家、私のウルの破壊は痛ましい。』

　（以上）第七幕

『ああ、私の家よ、ああ、私の家よ。』

　それへの返し歌である。


『貴婦人よ、あなたの心をどのようにして〈奮い立た〉せるのか。あなたはどのようにして生きていくのか[120]。

ニンガルよ、あなたの心をどのようにして〈奮い立た〉せるのか。あなたはどのよ

うにして生きていくのか。

町が壊されてしまった誠実な婦人よ、今やあなたはどのようにして〈暮[121]〉していくのか。

国土を滅ぼされてしまったニンガルよ、あなたの心をどのようにして〈奮い立た〉せるのか。

あなたの町が壊されてしまったこの日、今、あなたはどのようにして〈暮〉していくのか。

あなたの家が壊されてしまった〔この〕日、今、あなたの心をどのようにして〈奮い立た〉せるのか。

あなたの町は他人の町になってしまった。——今やどのようにしてあなたは〈暮〉していくのか。

あなたの家はあなたにとって嘆きの家になってしまった。あなたの心をどのようにして〈奮い立た〉せるのか。

あなたはもう、廃墟になってしまったあなたの町の「鳥[122]」ではない。

鍬に委ねられてしまった[123]あなたの良い家に、あなたはもう住居として住まうことはできない。

屠殺場へと導かれていったあなたの民の、その女王にあなたはもはやなることはできない。

あなたの涙は〈他人の〉涙になってしまった。あなたの国土は泣きもしない。

涙も哀願も（すること）なく、彼ら[124]は異国に住まっている[125]。

あなたの国土は、〈食い過ぎた者〉のごとく、口に手をあてている。

あなたの町は廃墟になってしまった。今やどうやってあなたは〈暮〉していくのか。

あなたの家はまる裸になってしまった。あなたの心をどのようにして〈奮い立た〉せるのか。

聖堂ウルは空っぽになってしまった。今やどうやってあなたは〈暮〉していくのか。

グダ神官[126]はもはや福々しそうに歩いていない。あなたの心をどのようにして〈奮い立た〉せるのか。

エン神官[127]はもはやギパル室[128]内に住んでいない――今やどうやってあなたは〈暮〉していくのか。

浄め式を好む人〔　〕は、もはやあなたのために浄め式を執り行なわない。

父なるナンナルよ、あなたのイシブ神官[129]はもはやあなたに向って浄い〈祈り〉を全《まつと》うしない。

あなたのルマフ神官[130]はあなたの浄らかなギグナ[131]にリンネルの（布）を拡げもしない。

あなたが豊かな心によって召す良いエン神官はエキシュヌガル[132]から、

聖堂からギパル室へと喜びに溢れながら赴くことがない。

あなたの祭りの（おこなわれる）家、アウでは人々はもはや全然祭りを祝わなくなった。

心を楽しませる（楽）器の太鼓やタンバリン、ティンパニーを人々はもはやあなたのために奏しなくなってしまった。

民《たみ》、「黒頭たち」はあなたの祭りのためにもはや沐浴したりしない。

麻でできた喪服が彼らに定められ、その姿は変ってしまった。[133]

あなたの（楽し気な）歌はあなたにとって嘆きの歌になってしまった。いつまで

〈　〉。

あなたのティンパニー歌は、あなたにとって哀歌になってしまった。いつまで

〈　〉。

あなたの牛は牛小屋には行かず、バターをあなたのためにもはや生みださない。

あなたの羊は羊小屋の中にはいない。そのミルクをあなたにもはや引き渡さない。

（かつて）あなたにバターをもたらしたものたちはもはや牛小屋からあなたのとこ

ろへもって来ない。いつまで〈　　　〉。

（かつて）あなたにミルクをもたらしたものたちはもはや羊小屋からあなたのところへもって来ない。いつまで〈　　　〉。

（かつて）あなたに魚をもってきた漁師を悪霊がつかまえてしまった。いつまで〈　　　〉。

（かつて）あなたに鳥をもってきた鳥刺しを〈　　　〉。

吃水の深い荷舟のために完成されていたあなたの運河の中には〔葦〕が生い茂り、
車のために造られたあなたの街道には棘のある山の木が生い茂っている。

私の貴婦人よ、あなたの町は、母を慕《した》うがごとくに、あなたをおもって泣いている。

ウルは、道に〈捨てられた〉[134]子供（が親を探す）ごとくに、あなたを探し求めている。

あなたの家は、（すっかり）物を失くしてしまった人（が物乞いする）ごとくに、
あなたの方に手を差しのべている。

あなたの良い家のレンガは、あたかも人間であるかのように叫ぶ――「あなたはどこにおいでなのですかあ」と。

私の貴婦人よ、あなたは家から出て、町から去った方、

いつまであなたは、まるで敵みたいに、あなたの町の外にとどまっているのですか。
母なるニンガルよ、（いつまで）あなたはあなたの町に、まるで敵みたいに、敵対
　している[135]のですか。
あなた、町を愛する貴婦人よ、あなたの町をあなたは〔　　〕〈　　〉[136]。
〔あなた、民を愛する母なるニンガル〕よ、あなたの民をあなたは〔　　〕
　〈　〉。
母ニンガルよ、牛のごとくあなたの牛小屋へ、羊のごとくあなたの羊小屋へ、
牛のごとくあなたの昔の牛小屋へ、羊のごとくあなたの（昔の）羊小屋へ、
小さな子供のごとくあなたの小部屋へ、乙女のごとくあなたの家へ（お戻り下さ
　い）。
神々の王アンは「もう十分だ」とあなたに言いますように！
諸国の王エンリルはあなたに（再び良い）運命を定めてくれますように！
あなたの町を彼はあなたのために再興してくれますように――（もう一度）それの
　女王とおなりなさい[137]。
ウルをあなたのために再興してくれますように――（もう一度）それの女王とおな
　りなさい。』
　（以上）第八幕

『私の〈神力〉は私には無縁となってしまった。』

それへの返し歌である。

『ああ、暴風たちが国土をいっしょになって打ちのめしてしまった。(138)
天の大暴風が、雄哮《おたけび》立てる暴風が、
国土に何日もとどまったあの悪い暴風が、
町々を破壊し尽す暴風が、家々を破壊し尽す暴風が、
牛小屋を破壊し尽す暴風が、羊小屋を破壊し尽す暴風が、
聖なるしきたりを麻痺させるあれが、
重々しい策謀(139)を転覆させてしまったあれが、
国土に良い物を断ってしまったあの暴風が、
「黒頭たち」を縛ってしまったあの暴風が。』

（以上）　第九幕

それの目には恥などまったくないあの〔　　　〕、暴風が。(140)

それへの返し歌である。[141]

『母親を知らないあの暴風が、父親を知らないあの暴風が、
妻を知らないあの暴風が、子を知らないあの暴風が、
姉妹を知らないあの暴風が、兄弟を知らないあの暴風が、
隣人[142]を知らないあの暴風が、親友[143]を知らないあの暴風が、
妻を投げ出すあの暴風が、子供を投げ出すあの暴風が、
国土の光を失わせてしまうあの暴風が、
憎しみに指令されて[144]（日を）過す〔あの〕暴風が、
父なるナンナルよ、その暴風があなたの町に（二度と）〈腰をすえ〉ませんように！
あなたの民、「黒頭たち」は（その暴風を二度と）〈見な〉くてもすみますように！
その暴風は、天から降ってくる雨のごとく（二度と）その地[145]に戻ってきませんように！
天と地の生き物[146]、「黒頭たち」を打ち砕くもの、
そのような暴風など根こそぎ壊されてしまいますように！

夜間の大門[147]同様に、扉は（その暴風に対して）閉ざされてしまいますように！
その暴風は員数に入れられませんように[148]！
それの（無効な）計算（簿）などはエンリルの家で釘にかけられてしまえ[149]！』

（以上）第十幕

永遠に、はるかな日[150]、最後の日まで[151]！

それへの返し歌である。

『人間が地上におかれたはるかな以前の日以来、
ナンナルよ、〈恭謙に〉あなたの（指し示す）道を歩んできた人間は、
倒れた家のことであなたに対して嘆きを訴えて[152]おります。あなたの前に彼らを（来させて）引見して下さい。
あなたがうっちゃってしまわれた「黒頭たち」があなたに対して祈願できますように。
あなたが町を廃墟にしてしまったとあなたに向って嘆けますように。
ナンナルよ、あなたがもしその町を再建するならば[153]、それはあなたにとって輝かし

く立ち現われるでしょう。

浄らかな天の星のごとく、それは破壊されてはなりません。あなたの前に（町は）赴いてきますように！

神よ、人々は贈り物をあなたのところへもってくるでしょう。

供物をもってくる人々はあなたに祈りを唱えるでしょう。

ナンナルよ、あなたは国に広い憐憫をおかけになる方です[154]。

主アシムバッバル[155]よ、あなたの御心をお告げ下さるならば（？）、
祈りをささげる人に対して御心を彼のためにお鎮め下さい[156]。

ナンナルよ、あなたの民の罪を解き給え。

供物を（もってきて、あなたの前に）立つ人にあなたが慈愛のこもった目を向けるならば、
ナンナルよ、（かれらの）あらゆる体内を透視するあなたの一瞥は
その人の陰うつな心をすっかり明るくするでしょう。

国土の内に存するものたちはそのことの故に幸せになるでしょう。

ナンナルよ、もしあなたが町を再建するならば、（町は）あなたを（永遠に）誉《ほ》め称《たた》えることでしょう。』

（以上）第十一幕

イナンナ女神の歌

主よ[1]、ニンガル[2]が楽しげに喜びに産んだお方よ。

ドラゴン（のごとく）、あなたには〔　　〕があたえられた。

イナンナよ、ニンガルが楽しげに喜びに産んだお方よ、
ドラゴン（のごとく）、あなたには〔　　〕があたえられた。

あなたは暴風に乗っかって、アブズ[3]から〈神力〉[4]を受ける人。

王アマウシュムガルアンナ[5]をあなたの浄らかな聖堂に住まわせておいでです。

ああ、イナンナよ、あなたは暴風に乗って、アブズから〈神力〉を受ける人。

王アマウシュムガルアンナをあなたの浄らかな聖堂に住まわせておいでです。

女神よ、あなたは英雄[6]に〔　　〕を〈据え〉、あなたの〈神力〉を天（高く）そびえさせました。

あなたの母上の胎内からシタ武器とミトゥム武器[7]とを摑んでいらっしゃった方[8]。

ああ、イナンナよ、あなたは英雄[9]に〔　　〕を〈据え〉、あなたの〈神力〉を天

（高く）そびえさせました。

ニンガルの胎内からシタ武器とミトゥム武器とを摑んでいらっしゃった方。

シュメールの地で夜を過ごす王[10]に対して（人々は）太陽に対するがごとくに幸福です。

もし彼が山地[11]に登っていけば、山地（の人々）は彼を喜び（迎える）。

シュメールの地で夜を過ごすアマウシュムガルアンナに対して（人々は）太陽に対するがごとくに幸福になる。

もし彼が山地に登っていけば、山地（の人々）は彼を喜び（迎える）。

ああ、私の主[12]よ、彼[13]は（この人を[14]）夫としてあなたにお与えになった。彼を喜び（迎え）給え！

エンリルはあなたに彼をお与えになった。「大いなるものの山[14]」をあなたの御手に。

イナンナよ、彼は（この人を）夫としてあなたにお与えになった。彼を喜び（迎え）給え！

エンリルはあなたに彼をお与えになった。「大いなるものの山」をあなたの御手に。

天の女王よ、あなたは御自分の力を彼にお与えになられた。あの王[14]に。

アマウシュムガルアンナはあなたのために輝きを発する。

ああ、イナンナよ、あなたは御自分の力を彼にお与えになった。あの王に。

アマウシュムガルアンナはあなたのために輝きを発する。
彼が服《まつ》ろわない国、遠方の山国に出かけて行くときには、彼は（闘いの）混乱の中で日々を過す。
アマウシュムガルアンナが遠方の山国に出かけて行くときには、彼は（闘いの）混乱の中で日々を過す。
芳香を発する杉の木の山から昇ってくる太陽（のごとく）彼が登ってくると、
（人々は）上質の脂を彼にもたらす。⑮
アマウシュムガルアンナが、芳香を発する杉の木の山から昇ってくる太陽（のごとく）登ってくると、（人々は）上質の脂を彼にもたらす。
サギッダ⑯
闘いでは（誰一人）刃向えぬ主よ、シン⑰の大いなる娘、天に昇る人、恐ろしい輝きを発するお方よ、
ただ一人（並ぶ者なく）立っている若者⑱は、祭りの時と同様に、戦《いくさ》でもあなたのために歓呼して、
服ろわない国の〈泥〉の家をあなたのために打ちこわす。
アマウシュムガルアンナ、強い戦士はあなたのために、輝くシタ武器で無数の（敵）を殺してしまう。

ああ、イナンナよ、闘いでは（誰一人刃向えぬ）主よ、シンの大いなる娘、天に昇る人、恐ろしい輝きを発するお方よ、

ただ一人（並ぶ者なく）立っている若者は、祭りの時と同様に、戦でもあなたのために歓呼して、

服ろわない国の〈泥〉の家をあなたのために打ちこわす。

アマウシュムガルアンナ、強い戦士はあなたのために、輝くシタ武器で無数の（敵）を殺してしまう。

主[19]よ、あらゆる天で、あらゆる地で、あなたの心の（内の）もの、大いなる物をいったい誰が知り得ようか。

二つ撚《よ》りの（強い）糸（のように誰も）変えることのできないあなたの言葉には、天は一つになって怯《おび》え震える。

あなたの父上エンリル[20]があなたにそれをお与えになった。

戦で（敵を殺して）山と積み上げるアマウシュムガルアンナはドラゴンのごとくあなたのために闘う。

イナンナよ、主よ、あらゆる天で、あらゆる地で、あなたの心の（内の）もの、大いなる物をいったい誰が知り得ようか。

二つ撚りの（強い）糸（のように誰も）変えることのできないあなたの言葉には、

天は一つになって怯え震える。

あなたの父上エンリルがあなたにそれをお与えになった。

戦で（敵を殺して）山と積み上げるアマウシュムガルアンナはドラゴンのごとくあなたのために闘う。

私の主よ、アマウシュムガルアンナはあなたのために闘う。

彼はあなたのマントと同じ（マントでもって）身体をおおっている。

毎月、新月に、アンは彼を月のごとく、あなたのために（新たに）産み給う。

王アマウシュムガルアンナを、あなたの心に愛されている人を、昇ってくる太陽のように（人々は）誉め称える。

イナンナ、私の主よ、アマウシュムガルアンナはあなたのために闘う。

彼はあなたのマントと同じ（マントでもって）身体をおおっている。

毎月、新月に、アンは彼を月のごとく、あなたのために（新たに）産み給う。

王［アマ］ウシュムガルアンナを、あなたの心に愛されている人を、昇ってくる太陽のように（人々は）誉め称えます。

サガルラ。(21) イナンナ女神の、ティンパニー歌(22)である。

ババ女神讃歌

――イシュメーダガーンのための祈願を伴って――

ああ、貴婦人、畏敬（の念を）引き起す人、〔　　〕、〔バ〕バ、〔アンの娘〕、
母なるババ①、貴婦人中の第一人者、女丈夫〔　　〕、
〈強い〉女神、〈神力②〉を大いに完成させるおひと、頭を（誇らかに）上げているおひと、大きな〔衣裳〕を（身にまとって）いるおひと）、
〈光り輝いているおひと〉、正しい女性、天と地の偉大な貴婦人、生まれながらに賢いおひと、
アン③の御子《みこ》、（賢明な）言葉を見い出す引率者、あらゆるもので自分の手を満しているおひと、
貴婦人、人間に生命を与え、人間を産み出す「黒頭たち④」の大医師、
シュハルビ⑤、無数の人間たちの悪魔祓い、〔　　〕
国土⑥（に対して）思いやり深い心の暖いおひと、正義〔の〕貴婦人よ。

あらゆる国々の王エンリル[7]は、
運命を決定する主ヌナムニル[8]は、
聖所ニップール[9]で、ドゥルアンキ[10]で堂々と語り、
あなたを輝くエクル神殿で気高いひととし、〔　　〕。

あなたはヌナムニルの強力な捕獲網[11]、
エクル神殿に食物をもたらすアングッブー[12]。ブドウ酒はあなたの〔ものです〕。
あなたはエンリルの気高い嫁御[13]、彼のために子孫を授ける[14]おひとです。

〈　　〉、分け与えられた〈量目[15]〉をあなたが〈検査する〉ように、
国々の王侯ヌナムニルは
天地の気高い土地台帳官吏の職をあなたの手にもたらして、
あなたを高め、「種を芽生えさせる」聖殿[16]の支配権をあなたにくださった。
あなたの生みの父、崇高な神アンは衣服（として）神々の衣裳をあなたにまとわせ、
エンリルの戦士ニンギルス[17]を夫としてあなたにくださった。

そしてエニンヌ神殿[18]を、浄らかな町[19]、「種を芽生えさせる」聖殿を、あなたに贈物
　としてくださった。
ラガシュで、（シュメールの）国土の「大きなマスト」であるギルス[20]で、
あなたの愛する住居、「広く達する配慮の家[21]」に
貴婦人（にふさわしい）家、エタルシルシル[22]に、彼はあなたの聖所を設けた。
あなたの崇高な壮大な住居に向ってラガシュの地方の神々は（腰を）かがめる。

万事に勝る貴婦人、彼女の〈神力〉には誰一人手が届かないひと、
アンの御子、偉大な貴婦人、万事に通暁している御方は
すばらしい手足（を有する）若者[23]、王侯、エンリルの息子イシュメーダガーンに
あなた、乙女、母なるババは慈愛（に満ちた）眼をお向けになって、良き運命をお
　定めになった、永遠に。
　　サギッダ[24]

母なるババよ、あなたはエンリルの息子、王侯イシュメーダガーンに永遠の生命を
　与えるおひと。

〔その〕サギッダに対する返し歌

生命の〔家〕、エンリルの神殿[25]へ
彼は良き神託（を求めて）〔赤茶色の小山羊[26]〕を胸にかかえて（赴いた）。
あなたは若者イシュメーダガーンをその中へ（導き）入れて
「王が（儀式で）務めを果す生命の場所」に彼を立たせ
「大きな山[27]」エンリルに祈ってくださった。

「父エンリルよ、国々の偉大な主よ、
イシュメーダガーンのために（良い）運命をお定めになりますように！ 彼の名前をお呼びになりますように！」と、かようにあなたは彼におっしゃった。
国々の王エンリルは彼の生命（を与える）眼でもって、彼の輝く面《おもて》でもって彼を[28]見、
イシュメーダガーンのために運命を定める——
「あらゆる〈神力〉を（自己の内に）集中している玉座、永遠の良き王冠、人々を安泰にし、（すべてのものを）一つの轍に（向けて）運んでいく王笏が

王侯イシュメーダガーンにその運命として定められますように！
チグリス川とユーフラテス川は『鯉の洪水[29]』を豊かにあなたにもたらしますよう
　に！　それの実りはあなたのために豊かでありますように！
それらの岸辺はあなたのために草々を成長させて、あなたに喜びをもたらしますよ
　うに！
それの果樹園や菜園には蜜（と）ブドウ酒とがあなたのために大地にたわみますよ
　うに！
それのよく（耕された）畑は晩生《おくて》の大麦を成長させて、あなたのために穀倉に（穀
　物が）積み上げられますように！
牛小屋があなたのために建てられますように！　羊小屋があなたのために拡張され
　ますように！
王権の名前が高められますように！
〈王にふさわしく[30]〉あなたは頭を（誇らかに）天に向けてあげますように！
下から上の[31]端々に（至るまでのあらゆる）国々はあなたに貢物を持参しますよう
　に！
（エクル神殿の）貴い中庭であなたは陽光のごとくに輝きますように！
あなたの供物は輝くエクル神殿で決して絶えることのありませんように！」

エンリルは〔このように〕運命として定め、
王[32]にエクル神殿で大きな力を授けた。
彼は勇士であり、エンリルの言葉のおかげで誰一人敵対者をもたない。
〔誇らしげに〕足を〔高く〕上げながら彼はそこに赴く[33]。
王者の住居、エガルマフ[34]に彼は入って行き、
輝かしい浄らかな聖所に腰をおろす。宮殿は〔彼を喜び〔迎える〕〕。
　サガルラ[35]

誠実な婦人、アンの御子よ、エンリル〔はあなたにおっしゃった〕、輝く浄らかな
　聖堂〔からあなたにおっしゃった〕、
乙女、母なるババよ、アンの御子よ、エンリル〔はあなたにおっしゃった、輝く〕
　浄らかな聖堂から〔彼はあなたに〕おっしゃった、
「エンリルの子のイシュメーダガーンに永遠の日の生命を〔贈り〕なさい」と。
　ウルビ[36]。ババの〔アダ〕ブ歌[37]。

シュルギ王讃歌

私は王、生来の勇士である。
私はシュルギ、誕生以来の強者、
怒り猛った目のライオンにして龍が産み落とした者、
四界の王にして
「黒頭たち」[1]の番人、羊飼いである。
私は英雄、あらゆる国々の神であり
ニンスン女神[2]が産み給うた子、
聖なるアン神[3]が心の中にお召しになる者、
エンリル神[4]が運命をお定めになった者にして、
ニンリル女神[5]により愛されるシュルギである。
私はニントゥ女神[6]により慈悲深く生育された者であり、
エンキ神[7]によって智恵を授けられた者、

ナンナル神[8]の強い王者、
ウトゥ神[9]の「口を（カッと）開いたライオン」であって、
イナンナ女神[10]の喜びに選ばれたシュルギである。
私は街道を突進していく誇り高きロバ、
道にあっては尻尾をなびかせて（疾駆する）馬[11]、
シャカン神[12]の種ロバ、走ることを〈よくわきまえている〉（ロバ）である。
ニダバ女神[13]の賢い書記。
私の勇気・強さと等しく、
彼女[14]は私を智恵においても完全な人物として
確かな言葉を私に得させた。
実に私は正義を愛し、
悪をきらい、
悪意のある言葉を憎む。
私はシュルギ、（すべてのものに）卓越する強き王。
私、強者なるものは腰の強靭さを喜ぶ故に、
私は脚を〈素早く動か〉し、国土の諸街道を行進していった[15]。
〈道程[16]〉を確かにし、そこに〈宿駅[17]〉を建て、

それのわきには庭園を設置、休憩場を設けた。
そしてその地に（よく）知られた人[18]を住まわせた。
下からやってくる者、上からやってくる者[19]は
それの〈　　〉を憚りますように！
街道を旅する者は道を夜間も（安全に）旅できる。
彼は（街道ででも、まるで）よく建てられた町（中にいる）かのごとき〈気持が
し〉ますように！
私の名を永遠にするために、それが（人々の）口から消え去らないようにするため
に、
私の名声を国中に確立するために、
ありとあらゆる外地を私に恭順にするために、
〈全て〉を有する私は私の力で立ち上った、〈素早く……しながら〉。
ニップールからウル[20]のレンガ（で建てられたもの）に至るまで
（あたかもそれがたったの）二時間の（距離）であるかのごとく疾駆するよう、私
の心は私を駆り立てた。
私は、その若さの故に疲れを知らぬライオン、私は（そのような）力に立脚する者
である。

私は小さな晴着を腰にまとい、
蛇に[21]（驚いて）荒々しく飛び立つハトのごとく私は私の腕を激しく動かした。
山に向って目を向けているアンズー鳥[22]のごとく、私は大股に歩んだ。
私が国土に基礎を据えた諸都市は私のもとにやってきた。
牝羊のごとく多数の「黒頭たち」の人民を私は暖い目で見た。
山の麓めがけて走っていく山羊のごとく、
太陽が集落に光を拡げている（間）、
私はエキシュヌガル神殿[23]に入っていった。
シン神[24]の神殿、たいへん多くのバター（を産み出す）「牛小屋」に私は豊かさを充たし、
そこで牛を屠り、多数の羊を〈殺した[25]〉。
（そして）太鼓とティンパニーを打ち鳴らさせ
ティギ楽器を楽しく演奏させた。
すべての物を豊かにする人、私、シュルギはそこにパンを奉納した。
ライオンのごとく、王の御座所で畏怖を身にまといつつ
ニンエガラ女神[26]の壮麗な宮殿で
私はひざを折り曲げ、流れる水を（女神に）飲ませ、

ひざを屈してパンを食べさせた。
隼ニン〔シャラ〕[27]のごとく私は立ち上り、
ニップールへ、私の町へと戻っていった。
この日嵐は叫び、洪水が馳せてきた。
北風と南風は互いに唸り合い、
閃光と「七つの」風とが天空で互いに喰《くら》い合った。
一度にがなりたてる[28]嵐は大地を震わせた。
イシュクル神[29]は天の広大無辺の中で叫び立て、
天津風は大地の水を遮断した。
「小さな石」、「大きな石」[30]は
私の背を〈ビシビシと打つが〉、
私は王、（そんなことには）決して恐れることもなく怖《おじ》ける[31]こともなかった。
若いライオンのごとく、私は歯を剝き出し、
荒野のロバのごとく突進していった。
〈　　　〉
独り行く種ロバのごとく、私は走ることにおいて〈　　　〉。
（夕刻になると）自分の家へ目を向ける[32]太陽（ウトゥのごとく）

三十時間の道程を私は急いだ。
私の強き兵《つわもの》どもは（驚嘆の）眼を私に向けた。
実に一日のうちに私はニップールとウルとでエシュエシュ祭[33]を行なった。
私の兄、友人、英雄のウトゥ神とともに
私はアン神が基礎をお定めになった宮殿でビールを飲んだ。
私の楽手たちはティンパニーとタンバリンを私のために奏した。
私の花嫁、乙女イナンナ、天地の大歓喜[34]の女王とともに
その飲食（の席に）私は坐した。
私の決定に対しては、裁判官とて誰一人異議を唱えない。
私が目を上げ（て見る）ところに私は赴く。
私の心が私を駆り立てるところに私は行く。
アン神が私の頭に正しい王冠を載せて下さった。
（そして）私は輝くエクル神殿[35]で笏を受け取った。
輝かしい聖堂で、礎《いしずえ》の安定している玉座で、私は頭を誇らかに天に向けてあげ、
王権を偉大なものとした。
異国を私は屈服させ、民を安らかにした。

四〔界〕でそこに〈住まう〉人々は
〔永遠に〕私の名前を呼ぶ。
〈小さな〉唄の中で（私の名を）歌って、
私の偉大さを口にする。
王の気高い力において育まれ、
シン神のエキシュヌガル神殿で
勇気と強さと素晴しい生命を贈られ、
ヌナムニル神[36]によって偉大な力を授けられた
シュルギ、すべての服《まつ》ろわぬ国々を滅ぼし、人民を安寧にする者、
天地の〈神力〉を（有し）、敵対する者を持たぬ者、
シュルギ、天の王者が育み給うた子！
　ニダバ女神[37]に栄えあれ。

グデアの神殿讃歌（シリンダーA）

天地において運命が定〔めら〕れたとき、
彼は大いなる〈神力〉[1]で天の方にラガシュ[2]の〔頭を〕〔高く〕持ち上げた。[3]

エンリル[4]は主ニンギルス[5]に暖かい目を向けた――
「私たちの町[6]ではあるべきものすべてが輝かしく立ち現われた。[7]」
洪水がやってきた。[8]
エンリルの洪水[9]がやってきた。
強力な洪水がやってきた。
畏怖を呼び起しつつ、大水が光り輝いた。
エンリルの洪水、チグリス川が甘い水[10]をもたらした。
家に向ってそれの主人[11]は語った――

「彼はエニンヌ神殿の〈神力〉を天地に輝かしく立ち昇らせるだろう。
広い智識（を有する）そのエンシは[12]（そのことに）意を向けて、
すべての大いなる事柄に彼は着手するだろう。
肥えた牛と肥えた仔羊とを彼はもたらすことだろう[13]。
『運命を定めるレンガ』をして頭を（高く）私の方へ上げさせるだろう。
浄い神殿を建てるよう彼は私のために尽力するだろう。」

彼[14]の王[15]を、この日[16]夢の中で
主ニンギルスを見たグデアに
（ニンギルスは）彼の神殿を建てるよう彼（グデア）に命じた。
彼（グデア）はエニンヌ神殿の大いなる〈神力〉に
目を向けた。
心の広いグデアは
その命令について〈熟考する〉。
「さあ、私はそのことを彼女[17]に話したい。さあ、私はそのことを彼女に話したい。
その話について彼女は私を援けてくれますように[18]！
私、牧人[19]に貴人がやってきた。

夢が私にもたらしたこと、
それの意味が私には分らない。
私の母[20]に私の夢を持っていこう。
Ⅱ 占い[21]に精通している私の聖なる夢占は、
シララン[22]の神々しい私の姉ナンシェは、
それの意味を私に教えてくださいますように！」

彼は円舟の中に足を踏み入れ、
彼女の町シラランへ向けて、「シラランに向っている川[23]」で舟を走らせた。
運河を彼は喜びながら〈走った〉。
運河の（ほとりの）神殿、バガラに到着したとき、
パンを捧げ、冷たい水を注いだ[24]。
そしてルーガルバガラ[25]のところへ歩み、彼に祈った――

「戦士、怒り猛るライオン、刃向う者を持たぬお方、
ニンギルス、アブズ[26]において気高く、
ニップール[27]において雄々しいお方、

戦士よ、あなたが私におっしゃった（ことを）私はあなたのために忠実に着手しま
　しょう。
ニンギルスよ、あなたの神殿をあなたのためにお建ていたしましょう。
（その神殿の）〈神力〉をあなたのために完備させましょう。
あなたの妹御は、エリドゥ[28]が産んだ御子は、
占いの〈権威者〉、神々の夢占は、
ナンシェ、シラランの神々しい私の姉は、
それへの道を私のために調えて下さいますように！」
彼の叫びは聴き取られた。
彼の王は、彼の供物と祈願をグデアのために、
主ニンギルスは、受け入れた。
彼はバガラ神殿でエシュエシュ祭[29]を催した。

エンシはガトゥムドゥグ[30]の神殿へ、彼女の寝所へと入って行き、
パンを捧げ、冷たい水を注いだ。
浄らかなガトゥムドゥグのところへ彼は行き、
祈りを唱えた――

「私の女王よ、浄らかなアンが産み給うた子よ、
占いの〈権威者〉、（誇らかに）頭を上げている女神よ。

III

（シュメールの）国土に生命をもたらし給う方、
自身の町で必要なものを御存知の方、
ラガシュの礎をお置きになられた母なるあなた、女主人よ、
あなたが人々の方に目を向けられるだけでもう豊かとなります。
あなたが目をお向けになる忠実な若者——（その）生命は長い。
私には母がいません。私の母はあなたです。
私には父がいません。私の父はあなたです。
私の種をあなたは体内に受け入れて、至聖所で私をお産みになった。
ガトゥムドゥグよ、あなたの浄らかな御名前は心地よい。
あなたは夜には私のために横になられる。
あなたは私の大きな剣、私の傍においでです。
あなたは豊かな水で〈　　〉[31]をお作りになった方、
私に生命の息吹を下さった。
あなたは広大な庇《ひさし》、あなたの影を

私は畏怖する。
あなたの気高い御手を、〈　　　〉、それの右腕を、
ああ、私の女王、ガトゥムドゥグよ、どうか私に貸して下さいますように[32]。
私は（これから）町へ行きます。私に吉兆がありますように。
水中から突き出てそびえる山、シララン へ
あなたの良いウドゥグ霊[33]は私のために先導してくれますように！
あなたの良い守護霊は（私の）うしろを私とともに歩いて下さいますように！
さあ、私はそれを彼女[34]に言いたい。
さあ、私はそれを彼女に言いたい。
それを言う際にあなたは私に助力して下さいますように！
私の母に私の夢を持っていこう。
占いに精通している私の夢占は、
ナンシェは、シラランの神々しい私の姉は
それの意味を私に教えてくださいますように！」
彼の叫びは聴き取られた。
Ⅳ 彼の女王は、彼の供物と祈願を

グデアのために、浄らかなガトゥムドゥグは受け入れた。
彼は円舟の中に足を踏み入れ、
彼女の町シラランへ（走らせ）、シラランの波止場に舟を接岸させた。
エンシはシラランの女神の（神殿の）中庭で、頭を天に向けて（高々と）上げて、
パンを捧げ、冷たい水を注いだ。
彼はナンシェのところへ赴いて祈りを唱えた――

「ナンシェ、強い女王、価値高い〈神力〉の女王よ、
エンリルのごとく運命を定める女王よ、
私のナンシェよ、あなたのお言葉は確かです。
あなたは優れたお方、
神々の夢占です。
あなたはあらゆる国々の女王、夢を解いて下さる母です。
夢の中に人が一人、彼の大きいこと、天のごとく、
彼の大きいこと、地のごとくでした。

彼は彼の頭[35]によれば神であり、
彼の腕によればアンズー鳥[36]であり、
彼の下半身によれば洪水でした。
彼の左右にはライオンが寝そべっていました。
彼は私に、彼の神殿を建てるように命じましたが、 三〇
私にはそれの意味が（はっきり）わかりません。

太陽が地平線から私の方へ昇ってきました。

女性が一人いましたが、彼女はいったい誰でないのやら、誰であるのやら。[37]
彼女は頭に〈　　　〉。
彼女は手に貴金属の筆[38]を持っていて、 三五
図面に『よい天の星』を書き入れていました。 三六
彼女はそれについて考えこんでいます。 V一
二人目の戦士がいて、
彼は腕を曲げていました。そして瑠璃製の図面を手にして、
そこに神殿の見取図を描きました。

彼は私の前に浄らかな籠[39]を置き、
浄らかなレンガ型を用意し、
私のために『運命を定めるレンガ』をレンガ型の中に入れました。[40]
私の前に立っている美しい灌木[41]で
不死鳥[42]が日々を過しています。
私の王の右側の牡ロバは、私に向ってさかんに大地を蹴っています。[43]」
エンシ[44]に向って彼の母親ナンシェは答える——
「私の牧人よ、あなたの夢を私があなたのために解いてあげましょう。
天のごとくに大きく、地のごとくに大きいことにより、
〔彼の〕頭により神（であること）の故に、（また）彼の腕によれば
アンズー鳥（であること）の故に、彼の下半身によれば洪水（であること）の故に、
彼の左右にはライオンが寝そべっているその人は
定めし私の兄ニンギルスです。
彼はあなたに彼のエニンヌ神殿の聖殿を建てるように命じたのです。

地平線からあなたの方に向って昇ってきた太陽（というの）は、
あなたの神ニンギッジダ㊻が太陽のごとく地平線からあなたの方へ彼㊼とともに昇ってきたのです。

頭に〈　　　〉し、
手に貴金属の筆を持ち、
図面に『よい天の星』を書き入れて、
熟考していた乙女は
定めし私の妹のニダバ㊽です。
Ⅵ 神殿を建てる上で（従うべき）浄い星のことを
彼女はあなたに語ったのです。

二人目の戦士――彼は腕を曲げて
瑠璃製の図面を手に持っていましたが、
彼はニンドゥバ㊾です。彼はその上に神殿の見取図を描いているのです。
あなたの目の前に浄らかな籠を置き、浄らかなレンガ型を用意した彼（によって）
レンガ型の中に入れられた『運命を定めるレンガ』――

それは定めしエニンヌ神殿の正しいレンガでしょう。
あなたの目の前に立っている
美しい灌木で不死鳥[50]が日々を過していたことが（意味することは）、
神殿を建てるためにあなたの目に快い眠りが入っていくことはない[51]ということでしょう。

あなたの王の右側の牡ロバがあなたに向って大地をさかんに蹴っていることについては、
それはあなたであって、エニンヌ神殿のために選り抜きのロバのごとくに大地を蹴る[52]（ということです）。

私はあなたに助言を与えましょう。私の助言を受け入れますように！
もしあなたがギルス[53]へ、ラガシュの地の聖堂に向けてやってきて、
あなたの宝蔵で封印を破り、そこから材木を持ち出して、
あなたの王のために車を支度し、
それに牡ロバを繋《つな》ぎ、
その車を貴金属と瑠璃でもって飾り立てるならば、

矢筒からの矢（のごとく）、光のごとく、（その車は）走り去るでしょう。 一〇
もしあなたが『勇士の腕』であるアンカラ武器を注意深く扱い、
彼の愛する標章《エンブレム》を彼の為につくり、
あなたの名前をそこに書き込んで、
『（シュメールの）国土のドラゴン』(54)（と呼ばれている）彼愛好のリラをもって——
（それは）大きな音を立てる有名な（楽器）であって、〈彼とともに熟考する〉もの(55) 一五
ですが——
贈物を好む戦士へ、 一六
あなたの王、主ニンギルスのところに Ⅶ 一
輝くアンズー鳥である(56)エニンヌ神殿へ入っていくならば、
あなたのかすかな言葉も大きな言葉（同様に）彼は受け取り、
主の、天のごとくに広い心は
エンリルの子ニンギルスの（心は）、あなたのために静まることでしょう。 五
彼の神殿の見取図を彼はあなたに見せることでしょう。
その戦士は——彼の〈神力〉は偉大なものですが——
あなたをそのことにより祝福してくれるでしょう。」

忠実な牧人、グデアは
賢かった。彼は偉大なことを実行に移す。
ナンシェが彼に語ってくれた言葉に対し
彼は頭を低く垂れた。
彼は自分の宝蔵で封印を破り、
材木をそこから持ち出した。
グデアは（その）材木のところへ（何度も）行っては、
材木を大切に扱った。
彼はメス材[57]〈を磨かせ〉、
斧でもって樫材を切って、
輝かしい車用にそれらを調え、
「健脚[58]のライオン」（である）牡ロバを
それに繋[59]いだ。
そして彼の愛好する標章を作り、
そこに自分の名前を書き記した。
「（シュメールの）国土のドラゴン」（と呼ばれている）彼愛好のリラをもって——
（それは）大きな音を立てる有名な（楽器）であって、〈彼とともに熟考する〉もの

　であるが――
贈物を好む戦士へ、
彼の王、主ニンギルスのところに
輝くアンズー鳥であるエニンヌ神殿へ
入っていった。
神殿に、彼のところへ、喜々として入っていった。[60]

Ⅷ グデアはエニンヌ神殿の聖堂から晴々として出てきた。
ふたたび神殿のために彼は日々を〈過し〉[61]、
夜々を〈過した〉。
丘々を均《なら》し、〈異議をとり除き〉[62]、
道から唾[63]を取り除いた。
「怒り猛った場所」シュガラム、裁判の行なわれるところ、
ニンギルスがそこから諸国に目を向ける――そのような所のために
肥えた羊、尾の肥えた羊、肥えた小山羊をエンシはつれて行かせて、
処女の小羊の皮革の上においた。
山地の浄らかな植物である杜松《ねず》を火中に投じ、

神の芳香である杉の芳香（を発する）
新しい油を彼は〈熱した〉。
そして彼の王に向って人々の前で立ち上り、祈った。
彼はウブシュ（ウ）[64]キンナに赴き、祈った[65]。

「私の王、ニンギルス、荒々しい（洪）水を制御なさる主[66]、
誠実な主よ、『大きな山[67]』が発射した種[68]、
誰にも後れを取ることのない若者、
ニンギルスよ、私はあなたの神殿をあなたにお建ていたします。
（ところが）私への前兆（がありましたが、それが）私〈にははっきりしないのです。〉
戦士よ、あなたは当然備わるべきものを指図なされた。
（しかし）、エンリルの子、主ニンギルスよ、
私はそれの意味をあなたを通じて知ってはいないのです。
あなたの御心は海のごとくに波打ち、
エシ木[69]のごとくざわざわと音を立てる。
ほとばしる水[70]のように声高らかに叫んでいる。

洪水のように（町々）を破壊し尽し、 二七
暴風のごとくに敵地へ突進していきます。[71]
ああ、私の王よ、あなたの御心は〈停まる〉ことのないほとばしる水。 IX 一
戦士よ、あなたの御心は天のごとくに広い。
ああ、エンリルの子、主ニンギルスよ、
私はあなたについて何を知っているといえましょうか。」 四

ダム挽歌

遠く離れている者を思いやって、嘆きを私はあげる。
私の息子、遠く離れている者を思いやって、嘆きを私はあげる。
私のダム、遠く離れている者を思いやって、
私のグダ神官(1)、遠く離れている者を思いやって、
浄らかな杉の樹から、（私）母親が（彼を）産んだ所から、
エアンナ(2)から、天に向けて、地に向けて、嘆きを私はあげる。
人の家に対する嘆きを、私はあげる。
人の町に対する嘆きを、私はあげる。
この嘆きは、そう、〈糸草〉のための嘆き、——〈　〉を彼は生んだのでした。
この嘆きは、そう、穀物のための嘆き、——畝《うね》々を彼は生んだのでした。
（この嘆きは）それの宝庫が、そう、豊富である（ように、との嘆き）——宝庫を
　彼は生んだのでした。

（この嘆きは）〈　　　〉な妻と〈　　　〉な子供（を思いやっての嘆き）――〈男と女〉を彼は生んだのでした。

この嘆きは、そう、大きな川のためのもの――「鯉の洪水[3]」を彼は生んだのでした。

この嘆きは、そう、畑のためのもの、――晩生《おくて》の麦を彼は生んだのでした。

この嘆きは、そう、沼沢地のためのもの、――魚と〈　　　〉魚を彼は生んだのでした。 一五
この嘆きは、そう、蘆原のためのもの、――葦といぐさを彼は生んだのでした。

この嘆きは、そう、森林のためのもの、――野山羊と猪を彼は生んだのでした。

この嘆きは、そう、荒野のためのもの、――〈　　　〉樹を彼は生んだのでした。

この嘆きは、そう、果樹園と菜園のためのもの、――蜜とブドウ酒とを彼は生んだのでした。

この嘆きは、そう、苗床のためのもの、――レタスと胡椒草とを彼は生んだのでした。 二〇
この嘆きは、そう、王宮のためのもの、――長寿を彼は生んだのでした。 二一

悪霊に対する呪文

エヌル[1]〔呪〕文。
悪いウドゥグ霊[2]——静かな通りを、夜
秘かに横行し、
道路におおいかぶさる者。
悪いガルラ霊[3]——
荒野で自由自在に（動きまわって）いて
泥棒を放免してしまう者。
ディムメ[4]と
ディムメア[5]——
人間の上に降りかかる者。
〔体軀〕[6]の疾病、心臓病、
〔病〕苦、頭の病気、

（そして）〔人間〕の上におおいかぶさる〔魔の病力[7]〕、
（かれらは）その往来している人を
まるで嵐でもあるかのように打ち倒してしまった。[8]
その人は彼の生命から
越え出てしまう。[9]
アサルルヒ[10]は（これを）見ていて、[11]
彼の父エンキ[12]のところへ
（その）家の中に入っていった。[13]
（そして）彼に向って語る――
「父上、静かな通りを〔〈夜〉〕
秘かに横行し、
道路におおいかぶさる悪いウドゥグ霊（たちが、云々）」と。
再度繰り返して
語って〔から〕、（さらに次のように付け加えた）、
「私には〔何を〕なすべきなのかわかりません。
〔何が〕ふたたび彼を健康にするのでしょうか。」

〔エンキは彼の〕息子
〔アサルルヒ〕に向って
（その問に対して）答える——
「私の息子よ、お前にわからないことに
この私が（さらに）何をお前のために付け加えられようか。
アサルルヒよ、
お前が知らないことに
この私が（その上）何をお前のために付け加えられようか。
私が知っていることを
お前もまたよく知っているのだよ。
行きなさい、私の息子
アサルルヒよ。
もしお前がアンザム壺[14]の中に水を[15]
注ぎ入れ、
檉柳《タマリスク》とサボン草とを
その中に投げ込んでから、

その（病）人の上に（草についている水を）ふりかけて、
〔香炉〕と松明《たいまつ》を
〔彼に近づけるならば〕、
〔その人の体内に〕
宿っている〔ナムタル霊[16]たちは[17]〕
そこから飛び出てしまいますように！
〈『強い銅[18]』〉
（すなわち）アン[19]の兵士は
彼の怖ろしい喧噪（でもって）
悪い物を引き抜いてしまいますように！
喧噪が起った場所に
それ[20]をおきなさい。（そうすれば）、
それはお前の支援者になるだろう。
〈『強い銅』〉、
（すなわち）アンの兵士は
彼の喧噪と恐ろしい輝きとを
増すだろう。

悪いウドゥグ霊と悪いアラ霊とは
それ（病人の身体）から外に出てしまいますように！
悪い死霊と悪いガルラ霊とは
そこから外に出てしまいますように！
悪い神や悪い看視人[21]は
そこから外に出てしまいますように！
悪い唾液を作り出す悪い「口」は
そこから外に出てしまいますように！
ディムメとディムメア――
その人の上にふりかかっている者たちは
そこから外に出てしまいますように！
体軀の疾病、心臓病、
病苦、頭の病気、
（そして）その者をおおっている魔の病力は
そこから外に出てしまいますように！
偉大な神々が
誓ったからには

お前（ら）[22]はそこから外に出ていってしまいますように[23]！」
（これは）〔悪いウドゥグ〕霊（ども）に対する呪文である。

ナンナル神に対する「手をあげる」祈禱文

主、神々の英雄、天地にただ一人気高い人よ、
父なるナンナル、主アンシャル[1]、神々の英雄よ、
父なるナンナル、主アンガル[2]、神々の英雄よ、
父なるナンナル、主シン[3]、神々の英雄よ、
父なるナンナル、ウル[4]の主、神々の英雄よ、
父なるナンナル、エキシュヌガル[5]の主、神々の英雄よ、
父なるナンナル、輝く王冠の主、神々の英雄よ、
父なるナンナル、〈王権[6]〉を大いに完成させる人、神々の英雄よ、
父なるナンナル、長い王侯の服を（着て）[7]練り歩く人、神々の英雄よ、
強靭な角とたくましい四肢（を有する）若牛、瑠璃（色）の長いひげ（をもっている人）、豊かさで満ち満ちている人よ、
自ら実り形が整い見た目にすばらしい、その美しさには飽きのこない果実よ、

すべてを産み出す母[8]、生命とともに人々を在らしめる人、浄い住居《すまい》に住まっている
　人よ[9]、
慈悲深い父、国土全体の生命を手中に握っている人よ、
主よ、果しない天、広大な海であるあなたの神性は畏怖で満ちている。
国土の創造者、聖堂を基礎づけた人、それらに名前をつけた人よ、
神々と人類との生みの父、聖堂に坐《ま》して供物を定める人よ、
王たちをお召になり、王の笏を与える人、〔運命〕を永遠の日に定める人よ、
（あらゆる人）に優先する人[10]、強者、（その）広大な心を神とても誰ひとり見透すこ
　とのできない人よ、
決して脚の疲れることがないスピード（を誇る）走者[11]、彼の兄弟神たちのために道
　を付ける人よ、
天の土台から天の頂に至るまで、照り輝きながら進んでいく人、天の門を押し開
　き、光をすべての人に与える人よ、
私の生みの父よ、すべてのものは（あなたを）見、あなたの〔光〕をさがす。
天地の決定に〔参与する人〕、〔その言葉は〕誰にも変えることができない。
水と火とを手の中に握っている人、生き物を導く人、神々のうちの誰ひとりとてあ
　なたに及びもつかない。

天においては誰が気高いだろうか。あなたただ一人だけが気高い。

地においては誰が気高いだろうか。あなたただ一人だけが気高い。

もしあなたが天であなたの言葉を語ったら、イギギ[12]たちがあなたに対して祈り、
あなたが地上であなたの言葉を語ったならば、アヌンナキ[13]たちが土に接吻する。

もしあなたの言葉が天で風のようにあちらこちらを歩むならば、それは食物と飲物とを国土に豊かにする。

もしあなたの言葉が地上に在るならば、草々が繁茂する。

あなたの言葉は牛小屋と羊小屋と（で家畜）を肥えさせ、生き物を数多く殖やす。

あなたの言葉は法と正義を作り出し、（そのおかげで）人々は真実を語る。[14]

あなたの言葉は天上ではきわめて広遠にあり、地上ではかくれ、（従って）誰ひとりそれを見ることができない。

あなたの言葉を誰が知っていようか。誰がそれに匹敵できようか。

主よ、天においては支配力[15]において、地においては勇気において、あなたは兄弟神のあいだに全然対抗者をもっていない。

諸王の王、気高い（王）、その〈神力〉を誰も要求することがなく、どの神とて自分を比べることがない（そのようなあなた）。

〔あなたが〕慈愛の目を〔向ける〕ところには、〔　　〕

〔あなたが〕慈悲の手を〔　　　　〕。
輝かしい主よ、〔　　　　〕天と地において〔　　　　〕。
あなたの家を〔ごらんなさい〕。あなたの〔町を〕ごらんなさい。
ウルをごら〔んなさい。[16] エキシュヌ〕ガルをごらんなさい。
あなたの愛する奥方は、優しい奥方は、『平安でありますように！』とあなたに言いますように！
若者〔ウトゥ[17]、偉大な戦士は〕、『平安でありますように！』とあなたに言いますように！
〔天の〕イギギたち〔は、『平安でありますように！』とあなたに言いますように！〕
〔大神〕アヌ〔ンナキたちは、『平安であ〕りますように！』〔とあなたに言いますように！〕
〔　　は『平安でありますように！』とあなたに言いますように！〕
ニン〔　　は『平安でありますように！』とあなたに言いますように！〕
ウ〔ル〕の閂《かんぬき》、〔エキシュヌガルの錠は、『平安でありますように！』とあなたに言いますように！〕
天〔地の〕神々〔は、『平安でありますように！』とあなたに言いますように！〕

〔ナンナル神に対する〕「手をあげる」（祈禱文）〔である〕。

シュメールの格言と諺

人間は大きくなると恋をする。あるいは見合いで（時には当人たちの意志があろうとなかろうと）結婚相手が決められる。シュメール人とてその例外ではない。しかし、あるとき母親が息子に次のように諭していた。

(1)

自分の選《えら》みで(1)妻を娶《めと》りなさい。
自分の心が望むときに子供を作りなさい。

でも、ときには、娘の父親と婿となるべき男性との間に結納の額が問題になることもある。

(2)

「婿は何(2)をもってくるのだろうか。」
「義父は何を代りにくれるのだろうか。」

こうお互いに言っているのを聞いていた娘がいささかうんざりして「あの二人は私の値段ばっかり気にしている」と不満気にそのまま繰り返して口からもらしたものであろう。シュメール語では女性言葉③におきかえられて書かれている。ところが、この結婚は、まずくするとじきに離婚に通じていく。だから結婚前には慎重を期さなくてはならない。

(3)　彼にとり楽しいことには――結婚。
熟慮してみたら――離婚。

しかし、まあうまい具合にいっていて、離婚など問題にもならない場合には夫婦仲はよくて、親しみが湧いてくる。その結果、

(4)　(次のことは)前例がないことだ④――「若い婦人は夫のひざの上でおならをしない」だなんて。――そんなことは長くは続かないのさ。

そうではあっても、いや、あるいは、そうであるからこそ仲がよいのだが、しかし夢

も破れて、万が一にも妻がとんでもない女であったら、あわれなのは夫。[5]

(5)　浪費癖のある妻[6]が家の内に住んでいると、あらゆる悪霊より恐ろしい。[7]

嫉妬深い妻だったら、

(6)　私の〔妻〕は私を嘘つきとののしる。[8]（でも）私は（他の）〔女の尻〕をおいかけたりしているだろうか。[9]

この二つの場合には夫はまことにあわれだが、実際には双方が浮気していることも多い。それを、諷刺しているのが次の格言である。

(7)　不誠実な（夫の）ペニスには不誠実な（妻の）尻がふさわしい。[10]

夫婦はやがて子供がほしくなる。前掲(1)のように母親は忠告してくれるのだが、しかし、それはそううまく望み通りにはいかない。

(8)
(数人の?)妻をもつ(ことは)人間の(すること)、(しかし)、子供を数人得られる(かどうかは)神の(管轄)である。

また、人々は新婚の夫のために、性愛・繁殖の女神イナンナが彼に立派な子供を授けますように、と祝福した。

(9)
イナンナはあなたのために、足の暖かい妻を(ベッドに)寝かせますように!
彼女は広い腕の息子[11]を与えてくれますように!
彼女はあなたのために幸福の場所を探してくれますように!

こうして祝福され、結婚し、やがて妻は妊娠するが、苦しい思いをするにもかかわらず、女は損なものである。変なことばかりいわれる。

(10)
病人なんかは(まだ)良い(方)だ。
妊婦こそいやなもの[12]だ。
(しかし)病んでいる妊婦は最低だ[13]!

こういう苦しさ、辛さを耐えて産んだ子供たちではあるが、

(11) 悪い子なんか彼の母親は産んだ（覚え）はない。
彼の神は作っ（た覚えは）ない。

(12) ペチャクチャ娘(14)――彼女を母親は黙らせた。
ペチャクチャ息子(15)――彼を母親は黙らせることができなかった。

小さい頃は腕白で親の言うことはきかず、大きくなっても息子は母親など無視しがちである。しかし、それはそれでまた良いものである。ところで、家族を扶養するという責任感――こういう感情も経験も、結婚し、子供を持ってはじめてその責任の大きさを思い知るというものだ。未婚の者にその責任を説いても無理である。

(13) 妻を扶養せず、子を養いもせぬ者――
彼の鼻に引綱はかけられない。

世間には次のような場合も当然生じる。

⒁ 正直な人によって建てられた家も嘘つきの人によってこわされた。

これは初代がいかに正直な人であっても、その子孫に嘘つきやぐうたら者がいては、初代がせっかく建てた「家」も滅んでしまうことを言っているのであろうか。

また、もし皆で協力して建てた家ではあっても、働きによる収入よりも食い手の方が多かったら、これまた悲惨なことになる。


⒂ 手に手が加わってある人の家が建った。

〈胃〉に〈胃〉が加わってその人の家はつぶれた。

人々は一所懸命に働き、生きていった。彼らは日常の経験からさまざまな教訓を汲み取っていた。たとえば、

⒃ 木の心から出たものは木の心によってのみわかる。

⒄ 食べすぎると眠れない。

彼らにとっての楽しみ、いやなこと、それは今の人間とたいして変らない。

(18)

楽しみ――それはビール、

いやなこと――それは遠征[16]。

人間が社会生活を営む以上、そこには対人関係が重要な意味をもって人々の行動を規制する。相手を決定的に傷つけてしまうような言葉は口にするべきではない。

(19)

「何とへまなことをしたのかね[17]」とは決して言うなかれ！

嘘も方便とは言うけれども、いつまでも親しくつきあうには友人を欺いてはいけない。嘘も繰り返せば真実になるとゲッベルスはかつて語ったが、「狼だ！」と繰り返して村人をだまして喜んでいた羊飼いの少年が、ある日本当に狼が襲ってきたとき叫んでも誰も助けに来ず、ついに食い殺されてしまった話があるように、次のような諺もあった。

(20)

嘘をつけ、（然るのち）真実を言え。それは嘘と思われる[18]だろう。

人々はいつも仲良く、思いやりの心をもってお互いに接し合えればよいのだが、現実は厳しい。そこで、ついこんな気持になる者もいた。

(21) 彼らの喜びは彼らの不快、
彼らの不快は彼らの喜び[19]！

同じ人間仲間とは言ってもこの世の中には貴賤、貧富、性格の善悪などさまざまである。貧乏人はシュメールの昔から居た。

(22) 貧乏人は弱い[20]。

(23) 貧乏人は国の[21]（なかで）おし黙っている[22]。

(24) 貧乏人は彼の借りたもののことを（いつも）〈気にかけている[23]。〉

(25) 貧乏人が[24]死んだときには、生き返らそうとは（試）るな！
パンのあるときゃ塩がなし、塩があるときゃパンがない。
薬味のあるときゃ肉がなし、肉のあるときゃ薬味がない[25]。

かれらはいつも明日の食事にもこと欠きがちである。

(26) 貧乏人はいつも自分の食べものを気にしている。

彼はいつも自覚している――

(27) 富は（いつも）縁がない、[26] 貧乏は（いつも自分の）そばにいる。

であるから、金持ちに対する彼の心情は複雑に屈折して、かれらに対し反発を態度に表わすことがあるとしても少しも不思議はない。

(28) 不遜にも貧乏人[27]が金持ちに軽蔑の眼差し[28]を向ける。

病人の家はかえって子沢山になっていよいよ貧しくなりかねない。

(29) かれの、病人の家は五十人もいる[29]！

だが、諦めからさらに進んで悟ってしまえば貧乏はかえって気楽かもしれない。「金は天下の回りもの」なのだ。

(30) 財貨は（定まった）巣ももたず飛びまわってばかりいる鳥である。

貧乏人がいればその対極に金持がいる。金持になる道はいろいろあるだろうが、ケチ、慾張りというところから入る場合も多い。友人の家に行っても、自分のパンは食べずに友人の家のパンを食べ、拾得物は黙っているくらいでないといけない。

(31) 「ぼくのパンは（食わずに）残させてくれ。君のパンを食わせろ！」――（こんな）奴は友人の家では歓迎されない。

(32) 君は見つけた物については黙っているくせに、失った物のことだけは話している。

この二つは、どうもこの行為を是認しているのではなさそうである。「君のものはぼくのもの、ぼくのものもぼくのもの」とふざけて言うことがあるが、このシュメール語格言はもっと厳しく図々しいケチを戒めているし、第二のものも、拾得物はチャッカリわが物にしてしまうくせに、何か些細なものでも失くすと大騒ぎするような性質の人を強く非難していると受け取ってもよかろう。

なかにはこういうような人もいる。もちろん、女性とは限らないが。

(33) (手許に)あったときには——一切れの布。失われて(からは)——「それは着物だったのよお!」

奴隷を働かせるには食物をやらねばならない。でも、それは惜しくって惜しくってというひともいた。

(34) (牛)の脂身の肉は良(すぎる)。

豚の脂身の肉も良(すぎる)。

何を婢《はしため》にやったらよいだろう。

豚の臀《しり》(の肉)でも食わせとけ!

さて、日本の諺に「とらぬ狸の皮算用」というのがある。それとまったく同じ発想の諺は世界に数多いが、シュメール人の言葉では次のようになっていた。

(35) 彼は狐をつかまえられなかった。だが彼は首枷《くびかせ》を作っている。

見かけ倒しの人、やたらと威張る人などは当時も諷刺の対象となった。

(36) 実際君は上から見れば（立派な）書記だよ。

（だが）下から見たら人間で（さえ）ない(32)。

このような痛烈な批判を浴びるほどの人は相当のしたたか者であろう。だが、それほどではない人には間接的に、動物の特性などを利用してそれとなくたしなめる方がよい。たとえば次の三例はそれである。

(37) ペニスを海に向って突き出して(33)、狐は言った——

「海の〈すべて〉（の水）はおれの小便だ！」と。

(38) 狐がその妻に言った(34)——

「さあ、ウルクをニラネギのごとくに（おれたちの）歯でかみくだこう。

クラブをサンダルのようにおれたちの足にくくりつけよう。」

町まで六百ガル[35]（の距離）さえ近付かぬうちに、
町から犬たちが吠え（始めた）。
「ゲメトゥンマル[36]、ゲメトゥンマル、
さあ、おれと一緒におまえの家に帰ろう。
町からあらゆる悪（魔）がおれたちに吠えかかっている。」

(39) 鍛冶屋の犬は〈金床《かなとこ》〉[37]をひっくり返す[38]ことはできなかった。（代りに）水ガメをひっくり返した。

動物に関する諺をもう一つ加えよう。それはロバのペニスの長大さをあてつけたものとも「無用の長物」のごときものとも理解することができよう。

(40) ロバのペニスはいつも自分の身体を打っている。

シュメール人の主な産業は農業であったが、さまざまな家畜の観察も鋭かった。そのうち、愚かさというかおおようさというか、どちらとも取れる格言を二つだけ挙げるならば、

(41) ロバは自分の寝床を喰う。
(42) 他人の牛が草を喰っているのに、
私の牛は草地に寝そべっている。

次に私たちは職業に関係のある格言、諺を見てみよう。ただし、テキストがむずかしいのと破損を蒙っていることとの故に、比較的理解可能である格言のみを選んだのであって、その中に述べられている職業と当時におけるそれの重要性とをそのまま反映しているものではない（たとえば、主産業であった農業に関しては二例しか挙げられていない）。

(43) 打穀場に牛が近づくと、種モミは（翌年）播《ま》かれない。
(44) 牛が耕している。犬が畝《うね》をこわしている。

当時職業人として最も高い権威をもっていたものの一つは、当時の知識人、書記だった。それだけに、もしその書記がその技量を示し得ればよいが、そうでないと大変だった。

(45) 書記がたった一つしか（人・物の）名を覚えていなくても、彼の手《しゅ》（跡《せき》）がすばらしければ、彼はまさに書記だ。

(46) 手が口（から出る言葉）とともに動く書記――彼はまさに書記だ。

(47) 君は書記であるのに、自分の名前（さえ書き方を）知らない。自身の顔をピシャッと打て。

(48) シュメール語を知らない書記だってえ？ 彼はいったいどんな書記だい。

(49) シュメール語を知らない書記、彼はどこから訳をもって来ようというのだろう。

(50) おしゃべりばかりしている書記――彼の罪は大きい。

(51) 若い書記は彼の〈胃〉のためにパンのことばかり考えている。(39)
書記の仕事には注意を向けない。
同じような格言、諺が歌い手にも向けられた。

(52) 歌い手がたった一つしか歌を知らなくても、

彼の〈顫音《せんおん》〉がすばらしければ、彼はまさに歌い手だ。

(53) 歌い手の〈声[40]〉がよければ、彼はまさに歌い手だ。

(54) 〈声[40]〉のよくない歌い手――彼は並み[41]の歌い手だ。

とかく人間は他人の職業が羨ましくなりがちだが、各人はその経験、性格などによってすでに得た職業に専念すべきである。

(55) 〔　〕は長になろう（と努める）べきではない。
羊飼いは農民になろう（と努める）べきではない。

でも、どうしてもうまくなく、名目を失墜したような場合には、仕方なく職業を変えざるを得ない。だが、まるっきり違う畑の職業を第一歩から習い始めるのはむずかしい。多くの場合には前職と何らかの関係のあるものが選ばれる。それも、以前第一線にいた人々であれば、新たな地位は必ず以前のよりも低い。それをシュメール人は次のように言い表わしていた（職業名ははっきりしていないものが多い）。

(56) 面目を失った書記は〈呪文を唱える〉人になる。

面目を失った歌い手は笛吹きになる。

面目を失ったガラ神官[42]はフルート奏者になる。

面目を失った商人は〈職人(の一種)〉になる。

面目を失った大工は紡ぎ工になる。

面目を失った鍛冶屋は〈鎌の人〉になる。

面目を失った石工は〈粘土取り[43]〉になる。

こうして、さまざまな哀歓の織りなす人生を生きていくシュメール人はまた次のような格言、諺を私たちに残してくれていた。これでもってこの項は終りとしよう。

(57) (今)もぎとってはいけない。もっと後には実がなるだろう。

(58) 野牛から逃れられた(と思ったら)野生の牝牛が私に立ち向ってきた。

(59) つるはしは薪《たきぎ》を刈らない。熊手は薪を刈らない。

(60) ちんちんしながら犬が家から家に入っていく。

適材適所、または、ものにはそれぞれ専門の使い用、使い場所があることを語る(59)も、「前門の虎、後門の狼」そっくりの(58)も、私たち人間はみな同じようなことを考えるものであることを示してくれている。

訳注

人間の創造

（1）原文 ^{d}Inanna-ke$_4$-e-ne は「女神たち」と訳されてよいであろう。しかし、ama-^{d}Inanna はまた「女神」をさす単語でもあるので（*Chicago Assyrian Dictionary*, vol. 7, p. 271）、この行全体は「女神たちが生まれた（とき）」とも解せる。
（2）天の神。アヌ。
（3）大気の神。シュメール神話で主神。
（4）太陽神。アッカドのシャマシュに相当。
（5）地と水の神、智恵の神。アッカドのエア神に相当。
（6）神々一般をさす。八百万神。運命を定める。
（7）この行はシュメール語原文が混乱しているので、確実な訳ではない。
（8）シュメール語動詞 šu-gi$_4$ は bīt rimki 13, 43 などに見られるような「伝達する」というような意味と思われる。しかし、二三行によって判断すれば、エンリルが中心となって問いを発している。
（9）以下数行において、アッカド語では一人称複数形となっている。
（10）アッカド語では「作る」だが、シュメール語 bal にはそのような意味がない。
（11）アッカド語による訳。シュメール語 sur の語義は不明。
（12）『天地の紐』ドゥルアンキ（Dur-an-ki）にあるウズムア」とは、エンリルがそれまで紐で結ばれていた天地を引き離すためにその紐を切断した際に、大地についた大きな傷をしばってやったとき、その傷から肉が盛り上ってきて人間が出てきたという物語に由来する表現である。「天地の紐」があったところはシュメール人の宗教の中心地ニップールと見なされており、それ故ウズムア uzu-mú-a（肉を生むところ）はニップール市のなかの聖所であった。

(13) アッカド訳では、「私たち」。

(14) この神名は木工、指物師をさすシュメール語で表わされているが、何故かれらが殺される運命にあるのかは不明。「木工」という、ものを作り出すその機能に関係あるのか。

(15) シュメール語は混乱している。

(16) 冒頭の解説に述べたように、アッカド人書記が筆写する手本となったシュメール語版がすでに当時から破損状態にあったたむね、アッカド人書記による注記がある。

(17) それぞれ最初の男と女との名前。この名はこの物語にのみ現われる。

(18) 字句通りには「名をよぶ」。

(19) エンリル神の父と母。

(20) 字句通りには「口、言葉」。

(21) 母神のひとり。ここでは人間を創り、アッカド語の「ギルガメシュ叙事詩」ではエンキドゥを創る役割を果す。

(22) 人間は大地から生まれでてきたと述べている物語がいくつもある。注(12)参照。

(23) 母神のひとり。物語「エンキとニンマフ」では障害者の創造に係わる。

(24) 穀物、書記術、学問の女神。ニサバともいう。彼女を最後に述べているのは出来事の記録のため。

農牧のはじまり

（1）「創め」は、通常「山」の意をもつ har-sag であるが、それでは意味をなさない上に、六十行と以下の行数が記されているので、この句はこの文の起題とみるべく、従って har-sag は ur_5 sag と読んで「天と地の創めはかくのごとし」の意を採る。

（2）「神エジヌ」Ezinu または「神アシュナン」Asnan は、五穀の神とともに穀物、五穀の意ともなる。

（3）tag-tug（穀物の神）とかかれ、異論が多いが、uttu を採る。

（4）「三十倍」「五十倍」の意にとれぬこともない。

（5）「山地・穀物」と記されている。

（6）バートンは「人類をかれは計画した、多くの人々が生まれた」と解し、ヴィッツェルは「土地と関係した人類は、佳き日に振舞う」と訳している。

洪水伝説

（1）字句通りには、「破滅において」。テキストの冒頭部分と、この次の欄の最初の部分が欠けているので確言はできないが、私はクレイマー訳に従い、ここで神々が人類を洪水による破滅から救済しようと相談しているものと見る。

（2）ここで「私」とは誰のことか不明。

（3）母神。ニンフルサグのこと。

（4）水と知恵の神。ここでは人類の救済者として登場。

（5）地母神。エンキとの関係では「エンキとニンフルサグ」を参照。

（6）原文では、「黒い頭」。通例ではシュメールとバビロニアの住民をさす。

(7) 以下洪水襲来の描写に先立って、人類が創造されてから今までのことを回顧している。
(8) 人間に対して動物を対置。
(9) 「私」とは誰か不明。たぶん三八行の私と同じ。
(10) 以下一〇〇行まで話し手である「私」が「彼」（おそらくアンかエンリル）の行為をふり返っている。
(11) 王権は天より地上に下ってきたと「王名表」にも書かれている。
(12) クレイマーの補いに従って訳したが、破損の程度が甚しく、この補いは確認できない。
(13) シヴィルの訳に従う。以下の五都市は「王名表」によると次々に覇権を掌握した都市である。
(14) エンキの別名。エリドゥは南メソポタミアの都市。
(15) バドゥティビラは南メソポタミアの都市で、ヌギグとは女性神官の一種だが、ここではイナンナ女神。
(16) 中部バビロニアのララクの神でエンリルの子。
(17) 太陽神。北バビロニアのシッパルの主神。
(18) 南バビロニアの都市シュルッパクの神。シュルッパクとも読まれ、息子ジウスドゥラへの「シュルッパクの教訓」という教訓話にも登場。
(19) つまり、洪水を引き起さないこと。
(20) たぶん、「大地にいる」。
(21) 再考し始めたこと。
(22) 人類滅亡の件を。
(23) 聖油を扱う神官。
(24) ジウスドゥラが神を敬う行為をしていたことを表わす。
(25) ここで彼は祈りの最中に神エンキのお告げをきく。

(26) 祭儀所。
(27) エンキはジウスドゥラに直接にではなくて、壁を介して語りかけている。「アトラ・ハシース物語」第三部第一欄二〇行や「ギルガメシュ叙事詩」第十一書板二〇行などを参照。
(28) 聖書の「ノアの箱舟」にあたる。
(29) 文字通りには、「大きな水」。
(30) この巨船にははじめから窓が作られていたのではない。洪水が止んでから船の一部を切り開いたのである。
(31) 文字通りには、「中へ」。
(32) つまり、神々への犠牲として捧げるため。
(33) 原語 šár の確かな意味はなお不明。
(34) この行および前行とは解釈が難しく、訳は疑わしい。
(35) 「人間の創造」の注(12)参照。
(36) 次行との間に粘土板の側面に書かれている「アンとエンリルはジウスドゥラに〔　　〕した。」という文を挿入できる。破損部分をその残っている一部の語により「妻を与えた」とも「やさしく扱った」とも考えることは一応可能。
(37) すなわち、アンとエンリル。
(38) この二行は、ジウスドゥラがその名「永遠に続く生命(をもつ者)」の如く神になったことを描写。
(39) 恐らく、アンとエンリル。

エンキとニンフルサグ

(1) エンキとニンフルサグ。

(2) 「あなた方が浄い大地を分割したとき」との解釈もある(Th. Jacobsen, *JNES* 5 (1946), p. 131, note 7)。この解釈によれば、できたばかりの世界を神々が分割したときにディルムンはエンキとニンフルサグのものとされたと述べられており、物語の書き出しとしてふさわしい。しかし、この訳にはM. Lambert, *RA* 43 (1949), pp. 105–06が指摘するような文法上の難点がある。

(3) ディルムンは現在のペルシア湾頭のバフレイン島と考える説が有力。この神話の舞台とされている。

(4) ここで語り手は人称を変えてふつうの語り口となる。

(5) 水の神で、知恵の神。文字通りには「大地の主」である。

(6) ニンフルサグやニントゥと同一。「清浄な女性」の意。

(7) 以下三〇行まではまだディルムンのなかで万物がそれぞれ本来の位置・機能を与えられてはいなかった状態を描写している。老人さえ老人という自覚がなく、眼病も自分は眼の病気だとは知らないのである。以下の注(15)参照。

(8) クレイマーはur-ger$_x$を「野犬」と訳しているが、誤り。

(9) 文字が不明瞭。

(10) 四字句通りには「寡婦」。ランベールは家のてっぺんに巣をつくるアマツバメ科の鳥かと考えている。

(11) ハトの歩くときの動作の描写か。

(12) ディルムン(にいる)の意。

(13) ランベールは二四・二五行の「老婆・老爺」をそれぞれ「母・父」と訳しているが、原語ummaを父に対する母と解することはできない。

(14) 乙女が沐浴するのは多分床に入るまえの習慣だった。

(15) 四一―六〇行の叙述と比較すると、当初ディルムンには水がなかった。水がなかったからこそディルムンに存在する全ての生物はその本来当然行なうべき行為を行ないえなかった。また、それだからこそニンスィキルは水をくれるようにとエンキに頼むのである（ランベール、*RA* 43, pp. 122-24）。

(16) 聖域をさす語か。

(17) 宗教儀式等の際の聖歌隊。

(18) 「父」はここでは敬称として用いられているのであって、実際の親子関係を示すものではない。四一行目の「娘」についても同じ。

(19) おそらく「水」「甘い水」。

(20) 以下破損している数行で、せっかく町は建てられたけれどもそこには実りをもたらす水がない点が強調されているはずである。

(21) 太陽神。アッカドのシャマシュに相当。

(22) 月神。アッカドのシンに相当。

(23) または「豊かさ（をもたらす）水」。

(24) 鹹水（塩分の濃い水）。

(25) 以下七八行目まで舞台はディルムンの沼沢地。ここでエンキとニンフルサグとの結合による新しい生命の誕生の話となるが、明確な訳は難しい。沼沢地は水の神エンキの活動舞台であることに注意。

(26) 母神。ニンフルサグと同一。「(万物を) 産む婦人」の意。

(27) ニントゥの性器のこと？

(28) 文意が不明確だが、ここで二人の神の間の問答と解する。女神は誰かに濡れ場を見られることを気にしている。

(29) ダムガルヌンナはエンキの妻として知られている。彼女は次の行のニンフルサグと同一人である。
(30) ただ性行為だけでは生命の誕生には不足という観念の反映か。
(31) 文字通りには、「女の月」。
(32) ニンサルまたはニンニスィグとも解せる。「植物・青野菜の貴婦人」の意。
(33) この間にエンキは早くもニントゥ（＝ニンフルサグ）と共に住むことをやめてしまっている。植物が洪水のもたらした肥沃な大地に芽ばえる前に水（＝エンキ）は大地（＝ニンフルサグ）から河床に退いてしまうように。
(34) 神話的時間であるので、すでにニンムは成熟した乙女となっている。エンキは彼女が自身の子であるとは夢にも思わないことはいうまでもない。
(35) エンキの従者。
(36) 原文では否定形となっているが、誤り。
(37) 主人エンキをそそのかすイスィムドゥが何故強風を吹かせるのかははっきりしない。
(38) おそらく、従者イスィムドゥ。
(39) 余り有名な女神ではない。
(40) 機織の女神。
(41) ニントゥ（＝ニンフルサグ）はいまやエンキの浮気を知って怒り、ウットゥをエンキから護ろうとする。破損があってその内容がはっきりしないが、文脈から判断するとおそらくは、エンキの浮気癖をとめるための方策としてニントゥは、エンキがウットゥに求婚してきたときにその結婚のプレゼントとして入手し難い品物を持参させるようにと、ウットゥに入れ知恵するのである。
(42) クレイマーは「リンゴ」を補っている。

(43) 以下数行は求婚者エンキに対して結婚の贈り物としてもってくるように要求しなさいとニントゥがウットゥに教え込んだことの内容。

(44) クレイマー訳は「皮ひも」。「皮ひもを取る」はおそらく、「某々の導きに従う」、「某々が計画した通りに事を行なう」を表現している、とクレイマーは推量している。「私」とはニントゥのことらしい。

(45) おそらく一五七行目に現われる庭師。エンキはウットゥに恋して求婚するが、彼女はニントゥの忠告に従ってそれを拒む。そして、結婚したいのならば結婚の贈り物としてキュウリやリンゴ、ブドウをもってきてほしいと告げる。それをうけてエンキは庭師の菜園に赴いて彼の仕事を助け始めた。次・次々行の「彼」はエンキ。

(46) クレイマーはこの箇所を次のように補っているが、その根拠は明らかではない――

「…………。 一六一
私に彼らの〈　〉に入れてキュウリを持ってきて下さい。
私に彼らの〈　〉に入れてリンゴを持ってきて下さい。
私に彼らの〈　〉に入れてブドウを持ってきて下さい。」
彼は彼に彼らの〈　〉に入れてキュウリを運んできた。 一六五

なお、彼は次の二行の未訳出部分にそれぞれリンゴとブドウを入れている。

(47) クレイマー訳では「エンキ、彼の顔はあおざめた」。しかし、その訳は文脈に適合しない。原語 sig$_7$ には sa$_7$ banû「楽しい、愉快な、心地よい、うれしい」の意味があるので、私は単語 igi「顔」と組み合わせて「顔がほころびる」と訳してみた。

(48) 字句通りには「注ぐ」(dè) だが、「叫ぶ」(gù-dè) の誤り?

(49) 異文では次にブドウが述べられる。

(50) 文字通りは、「ペニスを立てる、植える」。

(51) 妊んだウットゥがお産をするまえに、彼女に予め忠告を与えていたニントゥ(＝ニンフルサグ)がやってきて、彼女の体内からエンキの子種をとり出して土に蒔いた。

(52) 以下八行における植物の名前はよくわからない。クレイマーはそれぞれをいろいろな名前で補っているが、疑わしい。

(53) この時点ではまだそれぞれの植物にはそれがどのようなものとなるべきか定められていない。それを本来定めるべき者はエンキではなくてニンフルサグである。ところが彼はそれを食べてしまい運命をも定めてしまう。

(54) エンキが八種類の草をわがものにしてしまったばかりかそれらを食べてしまったことに彼女は怒ったのである。

(55) これの対になる語が「イナンナの冥界下り」の一六四行目にある「死の目」である。

(56) こう言って彼女は姿を消してしまう。そして、八種類の植物を食べてしまったためにニンフルサグに呪いをかけられたエンキはやせ衰え始める。

(57) 神々の総称。八百万神。エンリルをはじめとする神々は水枯れと凶作とに困りはてて神々の会議でその対策を練っているが名案が浮ばない。

(58) 以下二四九行目まで破損が多くて、意味はよくわからないが、狐はニンフルサグを連れ戻すことに成功したのである。おそらく、それぞれの町の神が狐を助けたのであろう。

(59) ニップールはシュメール人の宗教都市でその主神はエンリル。ウル、ラルサ、ウルクも南バビロニアの有力な都市で主神はそれぞれナンナル、ウトゥ、イナンナ。

(60) 狐に連れられて戻ってきた女神をアヌンナキの神々はしっかりとつかむ。

(61) 衰え苦しむエンキを見てニンフルサグは呪いを解いたと解したいけれども、シュメール語では主語が複数であり、適さない。
(62) 単なるよびかけの言葉。
(63) 以下において、エンキはニンフルサグの問いに応じて次々と八つの患部を挙げている。それらの大部分の具体的名称は不明であるが、ともかくも先に彼が八種類の草を食ってしまい、それが故に彼女から呪いをかけられて病気になっていたことを想起せよ。ニンフルサグはエンキのために毎度その病いを癒すための神を産み出している。なお、病気の肢体名とそれに対応する神名については次の注の引用書、p. 57, note 2を参照。
(64) アブ Ab-ú は Ab-da$_6$ とも読まれるが、M. Civil, *JNES* 32 (1973), pp. 57-58 に拠ればアブの方がよい。前行の「頭の頂」ugu-dili の ugu と abu とは彼によると同じ語の異形であるという。アブは植物の神。
(65) おそらくひげに関係がある。
(66) ひげに関係ある病気を癒す力をもつ女神?
(67) 「鼻を生む婦人」の意。
(68) 「口を満たす婦人」の意。
(69) シュメール語 zi は「生命」を意味する。
(70) 「腕をまっすぐに育てるもの」の意。
(71) 「肋骨の婦人」の意。
(72) 前行の「肩胛骨」zag とエンサグの音は通じ合う。エンサグ ^{d}En-sa$_6$-ag の字句通りの意味は「喜びを為す主」となるが、むしろ「肩胛骨」の病気を癒す力をもつ神であろう。
(73) かくして、エンキは、一つ一つ病気と苦しみをこれらの新しく生まれた神々のおかげで癒される。

(74) 原文はこわれているが「夫々に特定の領分を与えるように」との女神の要求が語られていよう。エンキは彼女の要請に応じて、次行以下のように言う。

(75) アラビア半島か今日のイランの地方にあると考えられていた土地。

(76) 「医師なる主」。冥界の神。

(77) ナンシェ女神の夫であるので、ナズィはナンシェと同一かもしれない。後者については、「クデアの神殿讃歌」を参照。

(78) ニンアズの子、冥界の神。

イナンナの冥界下り

(1) 「彼女」、「女神」、「イナンナ」と次第に主人公をはっきりさせていくことにより聴衆を物語りに曳きつけていく手法。

(2) 「天上界」のこと。直訳で「大きな天」。

(3) 原語は ki-gal で「大きな地」。

(4) 字句通りには「耳をすえた」。

(5) 地下深いところにある冥界めざして下っていく様子を描写しているので、「下っていった」とは訳せない。

(6) 原語 nam-en の en は地上における神の代理人をさす。女神が「神の代理人」であるというのではなくて、そのように高い地位にあることを示す。次の「ラガル職」についても同じ。

(7) 原語 nam-lagar の lagar は en に次ぐ高位の重要な神官職。

(8) 南バビロニアの都市でイナンナ信仰の中心地。エアンナ神殿がその中核。

(9) 南メソポタミアの都市。
(10) 中メソポタミアの都市。
(11) 中メソポタミアの都市でシュメール人の宗教の主神エンリルの住居。
(12) ともにセム系のアッカド人の都市。
(13) シュメール語 me は神それぞれの職能に伴う独特の神通力のようなもの。他のところでは「掟」などと訳してみた。
(14) 原語 hi-li は「豊かさ」を通常は表現するが、ここでは具体的な物品であり、閃緑岩などで作られることもあるから、鬘あるいは頭飾りの類であろう。
(15) 約六メートル。
(16) 瑠璃。
(17) つまり、それほどに魅惑的な。
(18) イナンナの使い番で侍女である女神。
(19) イナンナは冥界に下るについて、供をつれていたが、この先何が起るか不安を感じていた。そこで、善後策を彼女に授けるのである。その内容は七一行まで続く。
(20) 異文では「さあ、私の、エアンナ神殿の、忠実な使い番よ」。この神殿はイナンナの住居。他の異文では「訓令を与えましょう。私の訓令を言いますから、よくおききなさい」。
(21) 本来は「騎士」の意味。
(22) ファルケンシュタインとジェイコブセンはこの行の頭に「人々」という単語を想定し、「人々を集めて」と理解する。つまり、イナンナの身の変事の公表のためと考える。
(23) ジェイコブセンによれば「腹部」。

(24) ニップールにある。その主神は大気の神エンリル。
(25) 異文では、「……の家にまずはじめ足を向けなさい」。
(26) 単なる呼びかけであって実際の父ではない。以下のナンナル(五二行)やエンキ(六〇行)でも同じ。
(27) もちろんイナンナのこと。彼女が身につけた飾り物(一四—二五行)ではない。「銀・ラピスラズリ・黄楊」で形容しているのは、彼女は神の子であって人間ではないこと、つまり冥界で人間同様の仕打ちを受けるべきではないことを暗示している。
(28) 南メソポタミアの都市。その主神は月神ナンナル。
(29) 南メソポタミアの都市。その主神は水と知恵の神エンキ。
(30) ここでイナンナは従者を天上の世界に帰らせる。
(31) つまり、「ラピスラズリのように輝かしい」。
(32) 「悪事」というのは、つまり、死者でない者が冥界を訪れる不条理のこと。
(33) 異文では「冥界の門」。
(34) 字句通りには「家」。
(35) 冥界の宮殿の門番の名前。
(36) 悪事を企んでいるイナンナに「浄らかな」は矛盾しているが、これは決まり文句である。
(37) 「イナンナ」という名前の意味は「天の女王」。しかし、これは当時の民間語源説である。
(38) 字句通りには「何」。
(39) 「冥界の女王」という意味。
(40) 「天の大牛」という意味。冥界の女王の夫が「死ぬ」とはおかしいが、おそらくグガルアンナはドゥムジと何らかの関係にあるであろう。後者は他の神話によれば、冥界の王となるのであるから。

(41) 彼女はイナンナの訪れを知って大いに怒っている。
(42) 「一体それは何を意味している行為か」が原義。
(43) シュメール語ではme。
(44) 字句通りには「言葉を与えてはならない」。
(45) つまり、イナンナは死者とまったく変らぬ姿にされてしまったのである。しかし、彼女はそうだとは気付いていない。
(46) 冥界の女王。
(47) 神々の総称であるが、ここでは七人が、冥界の掟に背いて生きたままやってきたイナンナを裁く役目を果している。
(48) イナンナ。
(49) アッカド語版「イシュタルの冥界下り」ではイシュタル(=イナンナ)が死体に変る様がくわしい。
(50) 単なる呼びかけ。
(51) これについては注(27)参照。
(52) イナンナは「天の女王」であることに注意。それについては「イナンナ女神の歌」解説(二八四頁)に引用した讃歌を参照。
(53) 字句通りには「大地へ至らしめる」。
(54) エンリルといえども管轄外の冥界には干渉できないのである。
(55) イナンナのこと。これについては注(27)参照。
(56) むしろ、「聖職に任命された女性」?
(57) 祭儀関係者。泣き女であろう。

(58) 祭儀のとき聖歌を歌う人。
(59) 六五―六七行を参照。
(60) こうしてかれらは冥界の宮殿に、案内を乞わないまま侵入する。
(61) 字句通りには「妊娠している母」。エレシュキガルのこと。エンキは彼女がいまお産の床について苦しんでいるのを見通していて、二人に彼女へ同情する素振りをさせてエレシュキガルの歓心を買わせる。
(62) ジェイコブセンは、彼女が死産して悲しみの余り病気になったと解する。
(63) 上が太く下が尖っている壺。
(64) 乱れている様。
(65) 二三五行の「外」と対になっている。それぞれ「心臓」と「肝臓」？ 彼女は悲しみに打ちひしがれているのである。
(66) 苦しみを移して救ってくれたならば、か。
(67) 同情に感じ入ったエレシュキガルの言葉。
(68) エレシュキガルら。
(69) 注(66)参照。
(70) エレシュキガルの言葉。
(71) ガラトゥルとクルガルラ。
(72) エレシュキガルら。
(73) ガラトゥルとクルガルラたち。
(74) この身代わりを見つけるためにイナンナとガルラ霊たちは町々を巡り歩く。
(75) 粘土板に文字を刻み書くときに筆として用いる葦。

(76) 使者はふつう杖をもち、騎士は武器をつり下げていた、それと同じように。
(77) 供物の一種。
(78) 異文では「良きもの、贈り物を受けることのない者である」。
(79) 「この者を」以下は異本にのみある文章。
(80) 南メソポタミアの都市ウンマにある聖堂。
(81) ガルラ霊たちがお互いに言い合った言葉。
(82) ウンマの町の神。イナンナの息子と見なされているらしい。
(83) 南バビロニアの都市で主神はラタラク。
(84) 異本にのみある文章。
(85) ウルク市の一地区名。
(86) 異本にのみある文章。
(87) イナンナの夫である。「ドゥムジとエンキムドゥ」を参照。
(88) つまり、彼は他の者と異なりイナンナの身の上を心配もせず、生活を楽しんでいる。
(89) しかし、三八行などの「大きな肛門」と同じ文字。
(90) ドゥムジは牧神。
(91) イナンナ?
(92) 一六四―六六行を参照。
(93) 字句通りには「菓子でもって」。
(94) 太陽神。イナンナの兄。正義の神。
(95) ウトゥとイナンナの母とされている女神。従って、ドゥムジの義母となる。

(96) ガルラ霊たちがドゥムジを虐待しつつ連行しているらしい。
(97) 字句通りには、「ひざ」。
(98) たぶん、よみがえったイナンナが冥界の掟に従わないで身代わりを残さずに地上へ戻ってしまったので、ガルラ霊たちは彼女を連れ戻しに行くのであろう。
(99) イナンナの本拠地。
(100) 八三行（四八頁）を見よ。
(101) 冥界の女王。
(102) 「天のブドウ樹」という名の女神。ドゥムジの姉妹。
(103) 獲物としての。「母鳥」とする解釈もある。
(104) 嘆きのようす。
(105) ドゥムジの別名。
(106) ウトゥのこと。
(107) ドゥムジのこと。
(108) 拷問の描写。
(109) ドゥムジは羊飼いの神。
(110) ドゥムジは冥界に連れていかれてしまい、そこの神となる。ギルガメシュも冥界でその王ドゥムジに会う。連れ去られた弟を求めて姉は諸国を放浪する。
(111) ドゥムジは姉に再会する。ジェイコブセンによれば、断片Bの二行目の蠅が手引きをした。
(112) イナンナがドゥムジに宣告していることばは、一年の夏と冬を暗示。

ギルガメシュとアッガ

(1) キシュの王で「王名表」によるとアッガの父。彼の実在性を示す古い碑文が発見されている。

(2) キシュの王。かつてギルガメシュを援けたことがあったらしい。二一四頁注(36)参照。

(3) 北バビロニアのセム系民族の都市。アッガはその王。

(4) 「王名表」にも現われるウルクの王。数多くの物語で半神半人の英雄として活躍する。

(5) 南バビロニアの古い都市。

(6) アッガの使者たちは、ギルガメシュのウルク市に対して、アッガの主催する灌漑作業などに参加するように求めてきた。しかし、ギルガメシュはそれを拒む決意をしている。

(7) 長老たちはアッガへの服従を主張する。おそらくこれまでウルクはアッガの覇権を認めていたのであろう。

(8) クラブはウルクの一部。

(9) ここでは戦さの女神として登場。

(10) ロバに騎乗する騎士たちのことか。

(11) 「天に達せんばかりに高くそびえる」の意。しかし、「天から下ってくる」という訳の方がシュメール語には忠実。

(12) エアンナ神殿は「アンの家」の意味。

(13) 異文では「天に接する城壁、大いなる城壁」。

(14) 天の神。

(15) 注(12)を見よ。

(16) ギルガメシュはエアンナ神殿のあるウルクの王であるから。

(17) ギルガメシュを恐れている様。
(18) ギルガメシュの僚友。アッカド語版「ギルガメシュ叙事詩」を参照。ギルガメシュはここで戦闘の準備を命じ、強がりを言い、気勢をあげて志気を高めている。
(19) 手で動かして用いる耕作具の総称。
(20) 敵を痛めつける恐ろしい効力をもつ輝き。
(21) この行の意味不明。あるいは「五日も経たぬうちに、十日も経たぬうちに」か。もしくは、「五日となく、十日となく（それ以上の長期にわたり）」か。
(22) 原文は「先頭（に立つ）人」。
(23) ジェイコブセンによるとこの名は「蝶の子」、「いも虫」の意味。
(24) 捕虜虐待の様子。
(25) その内容はテキストに述べられていないけれども、ギルガメシュが彼に命じておいた伝言であろう。
(26) ザバルダブは文字通りには「青銅（製の武具）を持ち運ぶ人」をさすが、高い官位と思われる。
(27) 直訳では「それは彼のライオンの顔でありますように」となる。
(28) 瑠璃。
(29) 原文は「土とともに混ざる」。
(30) 七六―八〇行をギリシュフルトゥルの発言内容に加える見解もある。そのときには、「彼は王ではないのだから、あなたの軍勢のだれひとり打ち倒されたりしていないではないですか」というようなことであろう。
(31) ウルクの一部だが「ウルク」と同じものをさす。
(32) エンキドゥだけが城門を打って出たようである。しかし、かれは捕えられることなくアッガの前に連れていかれたらしい。
(33) エンキドゥ。
(34) アッガは捕えられてしまったのか、あるいはそうでなくとも戦意を喪失してしまったと思われる。
(35) 隊長・監督官・将軍と次第に上級の官職でアッガはよばれている。
(36) 「鳥」とはギルガメシュのこと。かつて彼はアッガのもとにその庇護を求めて亡命し、それをアッガは受け入れたのであろう。
(37) 絶望にうちひしがれている亡命者に保護を与えて活力を与えてくれたこと。
(38) 原文では「逃亡者をひざの上につれていく」。
(39)、(40) ギルガメシュのこと。
(41) 一〇二―〇六行で昔アッガからうけた暖い恩顧を思い出しているギルガメシュは捕囚となった(あるいは戦意を喪失した)アッガを解放してキシュへ帰したのである。一〇七―一一二行はギルガメシュをほめたたえつつ、アッガが述べている言葉であろう。
(42) 正義の神、太陽神。
(43) 字句通りには「手」。
(44) ギルガメシュの言葉。

ドゥムジとエンキムドゥ

(1) 太陽神。イナンナの兄。
(2) イナンナの名は「天の主人」という意味。但し、これは当時の民間語源説であって、別の語源が考えられている。

(3) 字句通りには「魅力にあふれている」。

(4)、(5) 牧羊神ドゥムジのこと。

(6) 以下で順次亜麻から衣服が作られるまでの工程がうかがわれる。

(7) 以下三五行目までの〈 〉は反物製作の一工程。

(8) 三七―四一行の「裁つ」の代りにクレイマーは「染める」と補っている。

(9) 「(その)母は天の龍」という意味で、ドゥムジの別名。

(10) 「エンリルの友」という意味で、ドゥムジの別名。

(11) 後述のエンキムドゥ。

(12) ここで原文がなお数行イナンナの言葉を続けている可能性がある。

(13) ドゥムジ。

(14) エンキムドゥ。

(15) 「私はその牧人と結婚しないでしょう」とも訳せるが、シュメール語法律文書や裁判記録・結婚契約書などでは男が女を娶る形になっていて、その逆ではない。

(16) イナンナの言葉にショックをうけたドゥムジは農夫エンキムドゥよりも自分の方が勝っていることを主張し始める。

(17) 農夫エンキムドゥのこと。

(18) 文字は「衣服」とも読み取り得る。

(19) 文字は「牝羊」か「羊毛」か判読し難い。

(20) ビールの一種。

(21) 酪製品の一種。

(22) クレイマー訳では「私」となっているが、それでは文脈に合わない。シュメール語自体からはその判断がつかない。
(23) おそらく、先のドゥムジの熱心な主張によってイナンナはドゥムジに好意を寄せたのであろう。
(24) おそらく(エンキムドゥの)農地。
(25) ドゥムジは、イナンナの愛をかち得たけれども、なおエンキムドゥが自分の恋敵であり、自分に対抗心をもっているものと思ったのであろう。
(26) または「等しい」。つまり「対抗できる」。
(27) 字句通りには、(穀物の)茎・軸。
(28) 南メソポタミアの都市名。これはイナンナの本拠地。従って、「ウルクの畑で」とはドゥムジがイナンナの夫となることをエンキムドゥが承認していることを暗示している。
(29) ユーフラテス川の支流。
(30) 農夫エンキムドゥがイナンナに向って言っている言葉。
(31) 豆の一種。
(32) 書記による後書き。

ウルの滅亡哀歌

(1) 最初の三行のおのおのはシュメールの主神、大気の神エンリルをさす。
(2) 字句通りには「彼の羊小屋の中には風が(入ってきた)。」なお、一—七五行では、若干の例外はあるが、エメサル(それについては解説を参照)で書かれているので、女性が語っているものと思われる。
(3) 中部バビロニアの都市。

(4) 母神。
(5) 中部バビロニアの都市。ニンイシンはその女神。
(6) 南バビロニアの都市。イナンナはその女神。
(7) 南バビロニアの都市ウル（この哀歌の舞台）の主神。月神。
(8) セム系の月神。ナンナルと融合しふつう同一神として扱われるが、この哀歌では半ば別扱いでも現われる。
(9) ウルにあるナンナルの神殿。
(10) ナンナルとともにこの哀歌の主人公。二二五頁注（2）参照。
(11) 南バビロニアの都市。水の神エンキはその主神。
(12) 中部バビロニアの都市。
(13) 南バビロニアの都市。シャラとウサハラはその神。
(14) 南バビロニアの都市ラガシュの女神。ニンギルスの妻。以下三五行までに現われる神々はすべてラガシュの神々。
(15) ラガシュ内の地名。
(16) ババ女神の聖堂名。
(17) 聖堂名。「玉座の間の家」でアブババのもの。
(18) ラムマという。彼女の神殿が次行のエタルシルシル。
(19) ガトゥムドゥグのこと。彼女はアンの娘。「ラガシュの母」といわれる母神。
(20) ラガシュ内の地名。ニナとも読む。
(21) エンキの娘でニンギルスの姉ナンシェのこと。

(22) ラガシュ近くの地名。
(23) ラガシュの地名。
(24) 羊小屋のこと。
(25) 以下ではウル以下多くの町の荒廃ぶりが嘆かれている。
(26) つまり、建築物、とくに諸神殿。
(27) ニップールにあるエンリルの神殿。
(28) ニップールにあるニンリル女神の聖堂。
(29) ウブシュウキンナという。エクル神殿内にある。
(30) むしろ、都市を囲んでいる市壁。
(31) 元来、南メソポタミアのシュメールとよばれた地域。
(32) 「非友好的な、敵意をもった」の意。
(33) ニンガル。
(34) ナンナルが町を放り出したままにしておかないで町のために何かするようにさせること。
(35) ナンナルのこと。
(36) ウルの町のこと。
(37) シュメール語 u_4 は「日」「風」「嵐」などを意味する。九六行の「夜」に対となっている。
(38) 字句通りには「在る」。
(39) 以下一七〇行目までは、神々の決定によるウルの滅亡の運命を、ニンガルがいかに努力して変えようとしたかを彼女自身語っている。
(40) 字句通りには、「寝床」。

(41) つまり、破壊されてしまった。
(42) 人間のこと。
(43) 字句通りには「運ぶ」。
(44) 建設（ウルの町の栄華）は一時の仮りの夢で、破滅は厳格な事実だ。
(45) 字句通りには「分け前」。
(46) 「収穫地の壊される小屋のごとく」が逐語訳。
(47) 字句通りには「（むさぼり）食う」。
(48) ニンガルが語り続けている。神々に彼女がウルの滅亡の決定の撤回をくり返し訴えたときを回想する。
(49) 字句通りには「とともに」。
(50) 字句通りには「向きを変える、戻る」。
(51) 字句通りには「頭を大地に置く」。
(52) すべての神々の総称。
(53) 字句通りには「引く」。
(54) ウル。
(55) 字句通りには「のように」。
(56) ここでニンガルの話は終って、次にエンリルの命令で嵐と火がウルの町を襲う様子が描かれる。
(57) シュメール語 u_4 をここでは「風・嵐・暴風」などと訳す。前頁の注（37）を参照。エンリルは風の神であることに注意。
(58) エンリルは神々の決定に従ってウルを滅ぼすために嵐と火に出動を命じた。
(59) 適度の風は雨をもたらし、農作を可能とする。

(60) 字句通りには「とともに居る」。
(61) 火と光の神。
(62) ウル。
(63) 字句通りには「打ち殺して一緒にまとめて食う」。
(64) 字句通りには「点火する」。
(65) 「おしこめてしまった」。日本神話の「天の岩戸」参照。
(66) 字句通りには「冷い腕」。
(67) ペルシア湾方面から吹いてくる南風は猛暑を伴っている。
(68) つまり、宴会など楽しい憩いはもはやない。
(69) 字句通りには「(むさぼり) 食う」。
(70) 字句通りには「呪いをかける」。
(71) 破壊されてしまったウルの悲惨な状況。町の神ニンガルもついに町を離れた。この第六幕は多分説明者の言葉であろう。
(72) 死人？ 難民？
(73) 大通り。
(74) 字句通りには「遠去かる、流れていく」。
(75) この行と二二三行、二二五行とは戦闘行為のあったことを示唆しているが、この「哀歌」では敵の襲来は二四四行に述べられているだけである。
(76) 武器をつるすものであろう。
(77) お産のときの出血に見立てて連想している。

(78) 字句通りには「首をわきにユラユラさせる」。
(79) 字句通りには「武器（に向って）立つ」。
(80) ウル。ニンガルがついに町を見捨ててしまった。
(81) つまり、火の神ギビルがすべてを焼きつくした。
(82) 高さ二十一メートル余のエキシュヌガル神殿は三層で、第三層にナンナル神殿があった。
(83) ともにイランの山岳民族。
(84) 字句通りには、「（わずか）三〇シェケル（貨幣単位）の（価値のもの）とした」。
(85) 廃墟となり、田畑とされてしまうこと。
(86) ニンガルの叫び。
(87) この行が欠けている伝承もある。
(88) ニンガル。
(89) ニンガル。
(90) 以下では再び、破壊されたウルの状況についてニンガルが語っている（―二九八行まで）。
(91) 主都市の区域外の集落。
(92) 元来「助手」。
(93) 字句通りには「集まる、集める」。
(94) 字句通りには「家」。
(95) 水路。
(96) 字句通りには「流れる水は運ばれてこなかった」。
(97) または、「バッタ」。

(98) 字句通りには「消費する」。
(99) 瑠璃。
(100) 字句通りには「手」。
(101) 字句通りには「銀でもって手をいっぱいにする」。次行も同じ構文。
(102) ある種の鳥だが、次行と対にすると、たぶん「人民」の比喩である。
(103) 他の伝承では「町」。
(104) 嘆いているニンガルの夫、月神。
(105) 二九九―三〇一行は語り手による説明。三〇二―一〇行は再びニンガルの話。
(106) 「私の住み慣れた家がもはや私には無縁のものになってしまった」という意味。
(107) 字句通りには「汚れた」。
(108) 意味不明。
(109) ナンナル。
(110) ニンガル。
(111) 語り手による説明(―三一四行まで)。
(112) ニンガル神殿? それともウルの町?
(113) レンガの建築物。
(114) ナンナル。
(115) 建設(ウルの町の栄華)は一時の仮りの夢で、破滅は厳格な事実だ。
(116) または「エヌン」。
(117) 字句通りには「建設されたとはもはや考えられない私の町」。

(118) 字句通りには「それの傍に立つ」。
(119) ウルの主神ナンナルに等しい。
(120) 語り手がニンガルとナンナルに対して再建されるべきウルに早く戻ってほしいと訴えている（一三八四行）。
(121) 字句通りには「育つ、植える」。
(122) 一〇五―〇七行参照。
(123) 廃墟にされ、田畑にされてしまったこと。
(124) ウルの人々。
(125) むしろ、「異国人たちがそこ（＝ウル）に今や住んでいる」か。
(126) 聖油を塗る神官の一種。
(127) 神の地上における代理者として最高位の神官。
(128) エン神官の住居。
(129) 神官の一種。
(130) 浄めの式を行なう神官。
(131) 神殿に付属する聖堂。
(132) ナンナルとニンガルの家、つまり神殿。
(133) 以前の華やかさがなくなったこと。
(134) 字句通りには「破壊する」。
(135) 字句通りには「（相手の）胸に向って張り合う」。
(136) 三七六―七七の二行は異文では「あなたが国を（思って）嘆いておいでのあいだに、それ（国）はひつくり返されてしまっている」とある。
(137) 字句通りには「女王（の職務）を行なう」。
(138) 以下末尾までは語り手がナンナルに対して、再びウルの町へ戻ってくるようにと訴えている。
(139) 神々による由々しき定め、謀（はかりごと）。つまり、ウルの町の繁栄。
(140) 異文では「あの暴風が、あの悪い嵐が」とある。
(141) 異文ではこの行欠。
(142)、(143) ただし、女性。
(144) 二〇三行参照。
(145) ウルのこと。
(146) 字句通りには「生命あるもの」。
(147) 都市の大門。
(148) つまり、「存在しなくなりますように」の意。異文ではこの行欠。
(149) つまり、もはや出動を命じられないようにしまいこまれてしまうこと。
(150) 字句通りには「（将来の）他日」。
(151) 字句通りには「日のうしろ」。
(152) 字句通りには「持ってくる」。
(153) 字句通りには「再建されたあなたの町は」。
(154) 字句通りには「国の広い憐憫です」。
(155) ナンナルの別名。
(156) 異文では次行と位置が入れかわっている。

イナンナ女神の歌

（1）正確には、「女主人」。
（2）イナンナの母親。この名前は「大いなる女主人」の意味をもつ。二一行目の「天の女王」（in-nin$_9$）との発音の類似に注意。
（3）深淵。アビュス。天地創造以前の混沌。奈落。
（4）シュメール語 me。
（5）「（その）母は天の龍」という意味の名で、本巻のシュメールの他の話、「イナンナの冥界下り」「ドゥムジとエンキムドゥ」でドゥムジとして現われる牧人の神。イナンナの夫。
（6）アマウシュムガルアンナ。
（7）ともに神が使う武器の一種。
（8）イナンナは生来の戦の女神であることを叙述。
（9）アマウシュムガルアンナ。
（10）アマウシュムガルアンナ。
（11）前行の「シュメールの地」に対し、山岳地帯、また広く一般にバビロニアの王権になびかない「敵」地。従って、アマウシュムガルアンナの向う所敵なしという状況を描く？
（12）イナンナ。
（13）二〇行の大気の神エンリル。
（14）アマウシュムガルアンナ。
（15）貢物として。この杉山はレバノン山地と思われる。「グデアの神殿讃歌」にも本巻所収の部分のあとに登場してくる。

(16)「長い絃楽器」? おそらくここでこれを演じることになっていたのであろう。
(17)月神。
(18)能力が抜群に秀いでていて並ぶ者がいないこと。
(19)正確には「女主人」。
(20)三〇行では月神シンがイナンナの父とされている。伝承にはさらにアンをその父とするものがある。
(21)絃楽器。おそらくここで絃楽器をならして調子を高めたのであろう。
(22)ティンパニーを伴ってうたわれるうた。

ババ女神讃歌

(1)ババは地母神。
(2)シュメール語でme。
(3)天の神。
(4)人間。
(5)女神ババの呼称の一つ。
(6)元来シュメールの地をさす。
(7)大気の神。シュメール宗教の主神のひとり。
(8)エンリルのこと。
(9)中部バビロニアの宗教都市で、エンリルの神殿エクルがある。
(10)字句通りには「天と地を結ぶ紐」で、古バビロニア時代までは通例ニップール、またはその主な聖堂を包含した地域をさす。「人間の創造」の二四行と注(12)を参照。

(11) エンリルは「天地の全域に至るまで全ての敵国の上に拡がる気高い捕獲網」といわれる(CT 36, 26, 7)。

(12) 神官の一種。

(13) ただし、「妻」ではなくて、「息子の妻」の意。ババはエンリルの子ニンギルスの妻。

(14) 本来は「種、精液をおく、すえる」。

(15) 字句通りには約〇・五八〇リットルの量。

(16) 人間や動植物の多産性は神殿から出てくると考えられていた。

(17) ラガシュの主神。

(18) ニンギルスの神殿。ラガシュにある。それの建設については「グデアの神殿讃歌」を参照。

(19) むしろウルクッガとして、ラガシュ地方を構成していた地区の一つラガシュの存在していたところと解するべきか。

(20) ラガシュ地方を構成していた一地区の名。

(21) ラガシュにあるババの神殿エタルシルシルのこと。

(22) 「ウルの滅亡哀歌」二七行目(九七頁)と比較せよ。

(23) 「シュルギ王讃歌」を参照。

(24) 「長い絃楽器」? ここでこれが演じられたものであろう。

(25) ここでババはイシュメーダガーンのために彼をつれてエンリル神殿に行って祈ることになる。

(26) 供物として捧げるために。

(27) エンリルの呼称。

(28) イシュメーダガーンかババ(この場合、「彼女」)か不明。

(29) 晩秋の洪水で、きたる播種を準備するのに役立つ。この辺り数行は「ダム挽歌」参照。

(30) 字句通りには、「王侯らしさにおいて」など。

(31) 「下の海（ペルシア湾）から上の海（地中海）に至るまで」という表現が王の碑文によく使われた。

(32) イシュメーダガーン。

(33) 次行のエガルマフ。

(34) 意味は「気高い王宮」。

(35) 絃楽器の一つ。ここでそれが演奏されたのであろう。「イナンナ女神の歌」にも現われる。

(36) 字句通りには、「それの強者である」と訳せるが意味不明。おそらくサガルラ（「それ」）をうけてこの讃歌の内容をまとめて強調することをさすのであろう。

(37) 神々の讃歌が多いこの類の歌については、A. Falkenstein, *ZANF* 15 (1949), pp. 84-101 を参照。

シュルギ王讃歌

(1) 人間のこと。

(2) ギルガメシュの母とされる女神。したがって、シュルギは英雄ギルガメシュの兄弟とみなされている。

(3) 天の神。

(4) 大気の神。シュメール宗教の主神の一人。ニップールの神。

(5) エンリルの妻。

(6) 地母神。

(7) 水と知恵の神。エリドゥ市の主神。

(8) 月の神。ウル市の主神。

(9) 太陽神。
(10) 性愛・戦争の女神。アンの娘。
(11) ただし、当時真正の馬はまだメソポタミアには知られていなかった。おそらくオナーゲルであろう。
(12) 荒野に住む野生動物の神で、また冥界の神。
(13) 書記に崇められていた女神。ニサバともいう。
(14) ニダバ女神。
(15) 「整備した」とも解せる。
(16) 字句通りには「二時間の距離」。
(17) 字句通りには「大きな家」。ファルケンシュタインは「城郭」と推定している。
(18) 信頼のおける人。
(19) 「下」とは南、「上」とは北のことであろう。
(20) ニップールはバビロニア中部の、ウルは南部の都市。直線距離で約百五十キロメートル。
(21) 字句通りには「ひも」だが「蛇」のこと。
(22) 嵐の鳥。ライオンの頭をもつ鷲(?)。
(23) ウルにあるナンナルの神殿。
(24) 月神で、ナンナルと同一。
(25) 字句通りには本来「殖やす」となるが、文脈からこう訳した。
(26) 文字通り「王宮の婦人」で、王宮の神格化。
(27) 隼の神。
(28) 「他の何事も聞こえない程大きな唸り声を出す」という意味か。

(29) 嵐の神。アダドともいう。
(30) 雹・霰のこと。
(31) 字句通りには「(体) 毛を (逆) 立てる」。
(32) 家路を急ぐこと。
(33) 毎月行なわれた祭り。
(34) イナンナは性愛の女神。
(35) ニップールにあるエンリル神殿の名前。
(36) エンリルの別名。
(37) 書記の神。この作品を書 (き写し) た書記たちが女神を称えて付加した。

グデアの神殿讃歌

(1) 掟、当然そうなるべき定め。シュメール語で me。
(2) 南メソポタミアの都市。グデアの本拠地。
(3) 神によって祝福されたことを表わす。なお、「彼」は次行のエンリル。
(4) 大気の神でシュメール宗教の主神。ニンギルスはその子。
(5) ラガシュ国の主神。本来その一地区「ギルスの主」。
(6) ラガシュは本来ニンギルスの管轄する町であるが、「私たちの」ということでエンリルはニンギルスにそしてラガシュに格別の愛着を表明している。
(7) エンリルの言葉。
(8) 字句通りには、「洪水がそれの岸辺に戻ってきた」。

(9) 字句通りには「エンリルの心」。
(10) 「豊作を約束する水」のこと。
(11) ニンギルスのこと。
(12) 元来主として宗教上の機能を遂行した支配者。ここではグデアをさす。
(13) 犠牲として。
(14) グデア。
(15) ニンギルス。
(16) ランベールは「焼けつくような日中」と解する。
(17) Ⅳ八以下のナンシェ。
(18) 字句通りには、「彼女は私とともに在りますように」。
(19) メソポタミアの支配者たちは自身を民を導く牧人であると考えていた。
(20) ナンシェのこと。彼女をグデアは「私の姉」ともいっている(Ⅱ二行など)。
(21) シュメール語で me-te-na。祭儀などに必要な事柄。
(22) 都市国家ラガシュを構成しているいくつかの地域の一つ。
(23) 川の名前。
(24) 紀元前二六〇〇年頃の、テルアブーサラービーフ出土のテキストには神殿建立とビール・ワインとを述べているものがある。
(25) あるいは「バガラ(神殿)の主人」。いずれにしてもニンギルスのこと。
(26) 深淵。アビュス。
(27) シュメール人の宗教上の中心地。主神はエンリル。

(28) メソポタミア南部の古くからの都市国家。主神が智恵の神エンキ。「エリドゥが産んだ子供」は、「エンキの子」の意味。
(29) 毎月おこなわれた祭り。
(30) 天神アンの娘。地母神。
(31) 穀物の一種。
(32) 「手を貸す」、「手を借りる」という日本語に比べられる。
(33) 霊の一つ。善悪両者あり。本書「悪霊に対する呪文」参照。
(34) ナンシェ。
(35) または、「彼の頭上の冠」とも解し得る。
(36) 嵐の鳥。ライオンの頭をもつ鷲（?）。ニンギルス神のお使い。
(37) 先に否定形をもってくるのがシュメール語の表現。
(38) 元来は、葦（を削って作った筆）。これでもって粘土板に文字を書いた。
(39) 建設作業のときこれに入れてレンガを運ぶ。
(40) 神殿建立の際に浄らかな土をもって造られた最初のレンガを支配者自ら頭上のカゴに入れて運ぶ儀式があった。
(41) または「ポプラ」。
(42) 字句通りには、「生命の長い鳥」。
(43) あるいは、「さかんにぐるぐるまわっています。」
(44) グデアの称号。注（12）を参照。
(45) グデア個人の守護神を意味する。

(46)「正しい樹木の主」あるいは「生命の樹の主」。ニンアズ神の子で冥界の神。
(47) 誰をさすのか不明。ニンギルスか。
(48) 穀物と書の女神。
(49)「粘土板の主」。
(50) 注(42)参照。
(51)、(52) ともにグデアが神殿建立に奔走するさまを表わす。
(53) 都市国家ラガシュを構成している地域の一つ。ここにエニンヌ神殿が在った。
(54) またはそのまま「ウシュムガルカラムマ」。
(55)「神託を与えるもの」?
(56) エニンヌ神殿の形容語。
(57) 黒色の木。しだれ柳?
(58) 字句通りには、「走るために選ばれた」、つまり「走ることにおいて才能を発揮する」。
(59) ニンギルス。
(60) ここでグデアはナンシェの指図通りにニンギルスのところへ赴き神殿の見取図を見せてもらってくる。
(61) または「終日」。
(62) 神殿建立事業のために人びとの意志を統一したことか。
(63) 人間に危害を及ぼすと考えられた魔力をもつ唾。
(64) エニンヌ神殿を構成している中庭の一つの名。そこで人々の集会が催されたと思われる。
(65) 字句通りには、「手を口におく」。
(66) または、「荒々しく(洪)水を注ぎ出させる主」とも解し得る。

(67) エンリルの呼称の一つ。
(68) 「エンリルが産んだひと」という意。ニンギルスはエンリルの子。
(69) 楓（かえで）？
(70) 泉。
(71) 二三—二七行は、ニンギルスのお告げの意味の細部が把握し難いものであることを描写している。

ダム挽歌

（1） 儀式に際して、身の潔斎を保たされた神官の一種。ここではダムのこと。
（2） ウルクにあるイナンナの神殿。
（3） 晩秋の洪水で、その水によって耕作の準備がなされる。

悪霊に対する呪文

（1） ファルケンシュタインはエリドゥにあるエンキの神殿のうちのひとつの名前と考えている。
（2） 以下文中にでてくる悪霊の名前は訳しにくいが、すべて病気を引き起すものと考えられていた。
（3） 冥界の悪霊。「イナンナの冥界下り」の二七九行以下（六二頁）を参照。
（4） 産褥熱や乳幼児の病気の悪霊。
（5） 悪霊の一つ。
（6） ここではある特定範疇のものと思われる。
（7） ファルケンシュタイン前掲書によるとここまでは導入部のうちの「現在形」、つまり、悪霊たちの一般的特性の描写部分。

(8) ここで悪霊が人間にとりついた。この次に異文では「彼の胆汁のなかにかれらは潜りこんでしまった」が挿入されている。この二行は「過去形」、つまり、事件が生じたことの描写部分。
(9) 字句通りには「その人はかれの生命を越えて向う側へいってしまう。」つまり、病気になること。異文ではさらに次の行がある――「かれは洪水の如く波うち、食物を食べることができない、水ものどを通らない。痛みのなかに日々を過す。」このように病人の状況を述べて導入部は終る。
(10) エンキの子で神々の呪術師。バビロン市の神マルドゥクと同一視されるようになる。
(11) ここからマルドゥク(文中ではアサルルヒとして現われる)とエアが登場し、前者がその父エア(文中ではエンキ)に病人を癒す方法を尋ねる(四〇行まで)。
(12) 水と知恵の神。アッカドのエアに相当。「エンキとニンフルサグ」、「イナンナの冥界下り」を参照。
(13) ウル第三王朝時代にまで遡りうる古い異文ではアサルルヒは自身でエンキのところへ行かず、使者を派遣する。
(14) ふつう金属でできている大きな飲器。
(15) ここから四七行までが、病魔を追い出すための儀式の方法。この方法では水が重要な役割を果している。水は水神エンキの管轄であることに注意。
(16) 悪霊の一つ。人間を急死させる。
(17) ここから最終行までは病魔追放の呪文。
(18) 病気治癒の霊力を備えていると考えられていた銅器? 大きな音を立てる楽器?
(19) シュメールの主神の一人。天の神。
(20) おそらくタマリスクとサボン草。
(21) 原語ではマシュキム。

(22) ここで突然二人称が使われている。ここまではすべて三人称。
(23) 後期の呪文ではこの際その人の家の中に住んでいる良い霊とその人の守護神とが病魔を広場でやっつけてしまうようにと述べている。あるいはまた、その病人の守護神はエンキをほめたたえるようにと付加しているものもある。

ナンナル神に対する「手をあげる」祈禱文

(1) 「全天」を意味して ki-šár「全地」に対するもの。バビロニアの創世説話では天神アンの父、アッシリア神話ではアッシュールと考えられていた。
(2) 「大きな天」で元来アンの呼称。
(3) アッカド(バビロニア)神話の月の神で、シュメールの月神ナンナルと融合。
(4) 南メソポタミアの古くからの都市でナンナルの本拠地。「ウルの滅亡哀歌」参照。
(5) ウルにあるナンナルの神殿。
(6) 字句通りには「神官職」。
(7) 字句通りには「四肢の完成した」。
(8) ナンナルは男神であるが、ここでは比喩として。
(9) 字句通りには「彼は住まっている」。
(10) 字句通りには「前を歩む」。
(11) 「シュルギ王讃歌」を参照。
(12) 天の神々の総称。
(13) 冥界の神々の総称。「イナンナの冥界下り」の一六三行(五四頁)を参照。

(14) 字句通りには「言葉を正しくする」。
(15) 字句通りには「主人たること」。
(16) ニンガル。「ウルの滅亡哀歌」を参照。
(17) 太陽神。

シュメールの格言と諺

(1) 字句通りには「あなたが目を上げて」。
(2) 元来、花嫁を買うための品物。
(3) エメサル。これについては「ウルの滅亡哀歌」と「ナンナル神に対する『手をあげる』祈禱文」との解説を参照。
(4) 字句通りには「その当時存在していなかった」。
(5) その逆だってもちろんあったであろう。
(6) 字句通りには「節約しない」。
(7) 字句通りには「病気（を起す）悪霊すべてにまさる」。これについては、「悪霊に対する呪文」を参照。
(8) 字句通りには「言う」。
(9) これはまた次のように訳すこともできる。「私の〔夫〕は私を嘘つきとののしる。（でも）あなたは〔他の〕〔女の尻〕をおいかけている」。「夫」「妻」はシュメール語では同じ dam で表わされる。
(10) 字句通りには「同等である」。
(11) 丈夫な子供を意味するのであろう。
(12) 字句通りには「病気」。ここでは「辛いものだ」ほどの意味。

(13) 字句通りには「(その辛さ・悪さが)病んでいる妊婦(の場合に)はそれにもまさる」。
(14)、(15) ただし、小さい子供ではなくて、若者。
(16) 徴兵されての軍事遠征。または商用などでの(長)旅とも考えられる。
(17) 字句通りには「あなたが為した悪(事)は何なのか」。
(18) 字句通りには「等しくなる」。
(19) 各行の二つの「彼ら」は別々の人間集団をさしている。
(20) 字句通りには、「強くない」。何に対してかは不明だが、世の中一般に対する発言権や立場の弱さか。
(21) 本来シュメール地方をさす。
(22) 字句通りには「静かである」。
(23) 字句通りには「顔を〈しかめる〉」。
(24) 字句通りには「見い出した」。
(25) 以下四行破損。
(26) 字句通りには「遠く〈離れて〉いる」。
(27) 字句通りには「不遜な貧乏人」。
(28) 字句通りには「小さな目」。
(29) 訳はきわめて疑問。五十人も子供ができちゃった、か。
(30) 字句通りには「巣を見つけない」。
(31) 字句通りには「価値がある」。
(32) または、「君は最高の書記だが、つつましい人間ではない」。
(33) 字句通りには「彼のペニスを押しつける」。

(34) 都市名。次行の「クラブ」はその一部分。
(35) 約三・六キロメートル。
(36) 狐の妻の名。
(37) 字句通りには「二つ手の石」。鍛冶道具であろう。
(38) 字句通りには「持ち上げる。動かす。追いやる」。
(39) 字句通りには「先行させる、まさる」。
(40) 字句通りには「騒音」。
(41) 字句通りには「軽視される」。
(42) 儀式で聖歌をうたう神官の一種。
(43) 建築用レンガをつくる粘土を川からさらう人。

解説

本巻所収の「洪水伝説」を読まれた読者はすぐさま『旧約聖書』の「創世記」に現われるノアの大洪水を思い浮べるにちがいない。事実、この洪水と同じような洪水は何回となくメソポタミア地方を襲ったのであったが、洪水物語のアッカド語版が一九世紀後半に発見されたとき、ヨーロッパの人々は聖書の記事の信憑性が確認されたと異常に高い関心を示したのであった。その出来事が端的に示すように、シュメール文学はヘブライ人の文学をも含めた全西アジア文学のなかでも、時代的に最も古いだけでなく、後世の様々な民族の文学に大きな影響を与えたのである。

ここに訳出したものはそのうちのわずかの部分であるにすぎないが、シュメール文学についてごく大まかなガイドをしてみよう。今日私たちが手に入れている、シュメール語で書かれた粘土板文書の数は厖大なものであるが、その九五パーセント以上はいわゆる経済行政文書であり、残りのものが王碑文・語彙集そして文学テキストである。最後のものの数は断片をも含めると現在約一万点に近づいているだろう。その多くは南メソポタミアのかつて栄えた都市ウルと中部バビロニアのキシュおよびニップールから出土している。時代的には紀元前第二千年紀前半頃のものが圧倒的に多い。それは、シュメール民族がこのころになると政治的自立性を失って、次第に数的に多いセム系の人々に吸収されつつある時代であった。しかし、シュメール人の言葉は、ちょうど日本における漢文、中世ヨーロッパにおけるラテン語のごとき地位を占めており、宗教上も文学上も重要な役割を果しており、王の碑文でさえもなおこの言語で書かれようとするありさまであった。だが、この言語はすでに日常の話し言葉としての地位を失いつつあった。そこで、当時の人々はいまのうちにシュメール語による文学作品を文字の形で保存しておく必要に迫られたのである。

これが、今日私たちが知っているシュメール語の文学テキストのほとんどすべてが紀元前第二千年紀前半のものである(もちろん後世のコピーも多いが)理由である。しかし、だからといってシュメール語の文学作品はそれまで発達していなかったとか文字では書き留められなかったということにはならない。本巻所収の「シュルギ王讃歌」あるいはそれよりも五〇年は古い「グデアの神殿讃歌」はすでに高度に発達した文学的技法を示している。

きわめて最近のこと、一九六〇年代前半にニップール近郊にある遺跡テル・アブーサラービーフの発掘隊はそこから多数の古風な字体の粘土板文書を見い出した。年代的にはおよそ紀元前二六〇〇年頃のものと考えられている。それを研究したアメリカ人ビッグズはそれらが、驚いたことに、文学テキストであることに気付いた。後世のテキストからほぼ完全に復元できる「シュルッパクの教訓」はそのひとつである。この新しい発見の結果、私たちのシュメール文学の知識はずっと古い時代にまで遡らされることになったのである。無論、この古い時代の文学が後世に伝わるにおいては、幾多の改変がなされたであろう。それについての研究が進めば、私たちはシュメール文学の本質を（セム系のそれに曲げられない姿を）よりよく理解するようになるであろう。

さて、シュメール文学と一口にいっても、それの内容は多種多様である——神話・叙事詩・王や神への讃歌・哀歌・いわゆる知恵文学。私たちは本巻のなかで、不十分ながらもこれらのすべてに一応触れることができるので、ここではそれらの一々についてその特色を述べることはやめよう。紙幅もそれを許さない。それの代りに、古代の書記が文学作品をどのように扱っていたかを紹介したい。紀元前二〇〇〇年頃ニップールで作られた「文学のカタログ」というものがある（それよりも若干古い時代のものさえあるが）。そこには合計六十二の作品名が列挙されている。書記たちは各作品を、今日の私たちが「イナンナの冥界下り」とか「ギルガメシュとアッガ」というようにその内容からタイトルをつけているのと異なって（おそらくそのようなものはなかった）、各作品の冒頭の数単語でもって呼んでいた。それ故に、前記の二作品はそれぞれ「an-gal-ta ki-gal-šè」（大きな天から大きな地へ）、「lú-kin-gi_4-a-ag」（アッガの使者たち）と記されている。この「カタログ」には六十二作品が記されているが、実数はとてもとてもそれだけではあるまい。

これらの作品は神殿や王宮の図書室に保存され、必要に応じてそれを読んだりコピーしたりしていた。その過程で必然的に、意図的であるにせよそうでないにせよ、改変がしのび込む。これが文学作品に異本を生じた原因である。

シュメールの文学作品はそれを摂取したアッカド人（バビロニア人とアッシリア人をも含めて）ばかりではなく、ヒッタイト人・ウガリット人や前出のヘブライ人にも測り知れない影響を与えた。

日本ではまだシュメールの文学作品の本格的な研究の歴史が浅い今日、文学には専門でない訳者が、楔形文字《くさびがた》の原典になるべく忠実なように訳することは至難の技で、往々にして原文の豊かなニュアンスを損なってしまったことは否めないが、日本の読者になじみのないシュメール文学の作品を収録することが今後幾多の秀れた研究者を育むステップになるとすれば、それは訳者にとっても幸いである。

人間の創造

人間の創造についてはどの民族も大きな関心を寄せてきたテーマである。そのなかでも年代的に古くかつもっとも広く知られている物語は、ヘブライ人のあいだに伝えられてきた「（旧約）聖書——創世記」であるが、しかしそれに先き立つものとしてバビロニア人やシュメール人のあいだに語り継がれてきた創造物語を無視することはできない。これらは『聖書』の物語に大きな影響を及ぼしたからである。

ここに訳出された物語はエーベリングE. Ebelingが、*Keilschrifttexte aus Assur religiösen Inhalts*, Band I（1919）のなかでNo. 4として発刊した粘土板文書に依っている。これはアッシリア帝国の都アッシュールで発見されたもので、年代的にはかなり新しいものといえる。この文書が別の文書から複写された時点ですでにその一部分が破損していたことを、書記は「（原文が）破損している」と注記している。物語の中で舞台はシュメール人の聖なる都市ニップールであり、そこの神エンリルが主要な役割を果していることからみると、この物語がつくられた時代は古バビロニア時代（紀元前一九―一七世紀）の後期と推定されるが（A. Falkenstein, Die Anunna in der sumerischen Überlieferung, *Assyriological Studies*, 16（1965）, p. 133, note 72）、シュメール語の形が相当にくずれているところをみると、何度も複写を繰り返して伝わってきたもののようである。

縦三十七センチメートル、横二十二センチメートルの大きな粘土板文書の表裏両面はそれぞれ大きく三つの部分に分けられている。そのうちの左欄については後述しよう。中央の欄には新アッシリア時代の整った文字でシュメール語のテキストが記され、右欄はそのアッカド語――当時の日常語――による訳が付けられている。しかし、その訳は原文に忠実ではなくて、かなり自由に意訳しており、私たちは物語を正しく理解するためにシュメール語の原文に依拠しよう。おそらく、訳が付けられた当時にはシュメール語がすでに正しく理解され難くなってしまっていたことが、この「自由な意訳」の原因のひとつであろう。

この物語はテキストの公刊者エーベリングがDie Erschaffung des Menschen bei den Babyloniern, *ZDMG* 70 (1916), pp. 532-38で研究したほかC. J. Gadd, *A Sumerian Reading-Book* (1924) にも訳がおさめられている。しかし、なお信頼できる研究は未完成であり、部分的に引用された箇所がいくつかの研究論文に散見されるにすぎない。合計七十一行であるこの短い物語の内容はかいつまんで紹介すると、次のようになる――まず、天地(つまり、宇宙)と女神たちが作られ、その天地のプランも定められ、農業に重要な灌漑渠などが完成したとき、アン、エンリル、ウトゥおよびエンキという大神(男性神)たちは、運命を定めるアヌンナキの神々に尋ねる。「おまえたちはこれから何を創るつもりなのか」と。彼らは、二人のラムガ神を殺してその血で人間を創造しよう、という。その目的は、運河の維持や農作業などの労働、神々の神殿を建立し、祭りを絶やさないこと等々を通じて神々に奉仕させることにある。この提案は受諾され、母神アルルによって人間が創られた。しかしながら、その具体的描写はない。シュメール人にとっては、神による人間創造の所作そのものよりはむしろ、人間というものは神々に奉仕するがためにこそこの世に生を受けているのだ、ということに関心があったからであろう。

(一) *Zeitschrift der Deutschen Morgenländischen Gesellschaft*, Wiesbaden.

ところで、『聖書』によれば人間は土で作られた。アダムである。アダムとは「土」を意味するヘブライ語である。神は彼の肋骨から女をつくった。これがイヴである。しかし、バビロニア人は、人間は神の血からつくられたと考えた。荒ぶる神を二人殺して、神々は最初の人間アンウレガルラとアンネガルラ（それぞれの語頭に立つ「アン」は神格化のための記号と解することもできる）を創造した。ではその目的は何か。聖書では人間を動物の上位におくことであったが、バビロニアの物語では上述のように神々に代って仕事をして神々に奉仕することであった。

この物語では人間は神の血から創られたと考えられているが、他のシュメール説話は土からの人間創造を伝えている（「エンキとニンマフ」という標題が与えられている創造物語）。人間が土の中から萌え出てきたとしている話は他のシュメール語テキストにもしばしば見い出されるから、シュメール人は元来人間は土から創られたものと考えていたのかもしれない。そうであるならば、ここに訳出したアッシリア版「人間創造」物語は、そのシュメール語テキストといっても、本来の形からかなりバビロニア風に変えられてきた姿を反映しているものとなる。

さて、最後に、この物語が書かれている粘土板文書の左欄について述べよう。幅三センチメートルくらいのこの欄には、‘a-a-a-a’とか‘ku-ku-lu-lu’，‘maš-maš-maš’などと楔形文字で書かれている。これが何を意味するのか、まだ不明であるけれども、おそらくは音符あるいは時には歌い方の指示であろう（M. Bielitz, Melismen und ungewöhnliche Vokal- und Silbenwiederholung, *OrNS*(二) 39 (1970), pp. 152-56 参照）。そうであるならば、この物語は詠唱されたものということになる。

(二) *Orientalia. Nova Series*, Roma.

古代バビロニアの音楽については、最近までその楽器とかオーケストラについてごくわずかの遺物や浮彫などから知ることができたにすぎなかったが、ごく最近アメリカの女性A. D. Kilmer 教授は当時の音符を「解読」することに成功した。一九七七年に彼女は日本でもそれを実演してくれたが、私たちもテキストをただ読むだけではなくて音楽的雰囲気のなかでそれを味わえるとしたら楽しいことである。

農牧のはじまり

原文は G. Barton, *Miscellaneous Babylonian Inscriptions*, New Haven, 1918, pls. XVIII, XIX に発表され、翻字英訳は五二―八頁に記されてある。原文がきわめて悪筆であるために、本文ははなはだ難解であるばかりか、本文の内容と文脈に不明のところが多い。原文の良き校訂が望まれる。M. Witzel, *Perlen sumerischer Poesie*, Nr. IX, Fulda, 1925 の翻字独訳、並びに詳注にも疑義が多く、ここの訳文もほんの試訳であることをお断りしておく。しかし本文にも注記されてあるように、わずか六十行で農牧文化の起源に関する説話を説いているのは、シュメール文学のうちでも傑作の一つに数えてよかろう。

洪水伝説

この「洪水伝説」を読む者は誰しもが即座に『聖書』の有名な伝承、創世記の中の「ノアの箱舟」に酷似していることを知って、少なからず驚くであろう。この伝説を伝える粘土板は表裏合計六欄であるが、残念なことにその四分の三以上が破損していて、解読できない。しかし、残されている限りでは、この伝説の構成は次の通りである。ある神が他の神々に向って、人類を洪水から救済すべきこと、そうすれば人間どもは町や神殿を建てるであろうことを述べている（三七―四三行）。それに引き続く数行では人間、動物、植物の創造が描かれている。破損部分のあとでは、王権は天から下ってくるものだ、という古代メソポタミア人の思想が確認されるとともに、大洪水前から存在していたといわれる五つの都市の建設とそれの神々への配分が描写されている（八七―一〇〇行）。四七―一〇〇行は天地創造から人類滅亡決定に至るまでの出来事を回顧している。神々のうちの或る者たちは人類滅亡計画に疑問を抱くが、一度決定されたことは実行されなくてはならない（一三七―四四行）。

ここで初めて聖書のノア、すなわちシュメール伝説でのジウスドゥラが登場する。この名前は《永遠に続く生命》を意味する。きわめて敬虔な人物である彼は、壁際で神のお告げを聴く——「神々の会議の決定に従い、まもなく、全人類を滅亡させる大洪水が襲ってくるであろう。」（一四五—六〇行）テキストでは、彼がこのお告げに従い、聖書のノアのごとく、巨大な箱舟を造り、大洪水に備えたことが述べられていたはずである。まもなく、大暴風雨、大洪水がやってきた。それは七日七晩暴れまわった。その後、太陽が顔を出し、舟の中にさし込んだので、ジウスドゥラは窓を開き、太陽（ウトゥ）をひれ伏しおがんだ（二〇一—一一行）。

最後の段落では、彼がアンとエンリルによって神と同じような長寿、《永遠の生命》を与えられ、太陽の昇る土地ディルムンに住まわせられたことが語られている（二五一—六〇行）。

以上のように略述された内容からも明らかなように、シュメール版「洪水伝説」は「ノアの箱舟」伝承の原型となったものであるが、それとともに重要なことは、この伝説が、人類の創造とか、王権は天より降《くだ》ってくるものとかについての思想を明らかに伝えていることである。

この、オリエントの洪水伝説を考察するに際して大変重要な、年代的には聖書の「創世記」よりもずいぶんと古い、シュメール語版「洪水伝説」は、ニップール[一]出土の大きな粘土板に書かれている。A. Poebel, *Historical and Grammatical Texts*, PBS 5, 1914, No.1 に初めて公刊されたこの文書は表裏面それぞれが三欄ずつなり、細いきれいな楔形文字でぎっしり書き込まれているが、残念なことに大体四分の一位が残されているだけなので、伝説の全体像を考える際に大きな困難に直面する。古バビロニア時代後期（紀元前第二千年紀前半）に作られたと思われるこの文書は標準シュメール語文とかなりの点で異なる特異性を有し、他の写本の発見が期待されるが、今のところ内容的に関連のあるいくつかの断片を別とすれば、写本は見つかっていない。ペーベルはこのテキストを手書きコピーで発表すると同時にA new creation and deluge textと題して彼の詳細な研究を公表した（*PBS* 4-1, 1914, pp. 7-70)。これはその後のクレイマーの訳（J. B. Pritchard編 *Ancient Near Eastern Texts*, 1955², pp. 42-44）や内容紹介と部分訳（同、*Sumerian Mythology*, 1961, pp. 97-99とか Th. Jacobsen, *The Sumerian King List*, AS[二] 11, 1939, pp. 58-59など）の基本となっている。一九六九年にM. Civil, The Sumerian flood storyがW. G. Lambert and A. R. Millard, *Atrahasis : The Babylonian Story of the Flood*の研究書の一部に付加されて発表された。それによると、「一握りの人間を除いて全人類を破滅させる大洪水」というテーマは昔からシュメール人に知られていたのではなくて、ようやくイシン時代（紀元前二〇―一九世紀）にポピュラーになったという。なお、Th. Jacobsen, *The Treasures of Darkness*, 1966, p. 114はこの伝説をThe Eridu Genesisと名付け、物語の全体構成について、拙訳（基本的にシヴィル訳に基づく）とは異なる見解を出している。

（一）*University of Pennsylvania, the Museum, Publications of the Babylonian Section.*

（二） *Assyriological Studies*, Chicago.

エンキとニンフルサグ

この約二百八十行の神話はペルシア湾の奥深く、イラク本土に接近したバフレイン島がもっとも有力な候補地と考えられているディルムンを舞台に、水の神エンキが主役となって展開されている。かつて、一九一五年にS. Langdon が Sumerian epic of paradise, the flood, and the fall of man と題して発表したテキスト（*PBS* X, p.11）にH. de Genouillac, *Textes Religieux Sumériens du Louvre*, t. 16, No. 62 およびS. N. Kramer & C. J. Gadd, *Ur Excavations Texts*, VI-1（1963）, No.1の二つのテキストが加わって、今日ほぼその全文が伝わっている。クレイマー教授（*ANET*, p. 38）[1]によると、前二者は紀元前第二千年紀の前半のある時代に書かれたテキストであるが、この神話そのものがはじめて構成された時代は不明である。それの研究はいくつか出されている。主なものとしては、

S. Langdon, 前掲書の pp. 69–85.

S. N. Kramer, Enki and Ninhursag : a Sumerian "paradise" myth, *BASOR SS* 1[2]（1945, New Haven）および

S. N. Kramer, Enki and Ninhursag : a paradise myth, *ANET*, pp. 37–41.

さらに、私は利用しなかったがM. Witzel が Texte zum Studium sumerischer Tempel und Kultzentrum, *AnOr*[三] 4 (1932), pp. 3-33 と *Orientalia*, *NS* 15 (1946), pp. 239-85 に訳したものとがある。他に、部分訳としては、

Th. Jacobsen, *The Intellectual Adventure of Ancient Man* (1946, Chicago), pp. 157-60

があり、以上の諸研究を総合し、かつ批判したものが

M. Lambert et R. Tournay, Enki et Ninhursag. A propos d'un ouvrage récent, *RA*[四] 43 (1949), pp. 105-36

である。

（一） J. B. Pritchard 編 *Ancient Near Eastern Texts*, 1955².
（二） *Bulletin of the American Schools of Oriental Research. Supplementary Studies*, New Haven.
（三） *Analecta Orientalia*, Roma.
（四） *Revue d'Assyriologie et d'Archéologie Orientale*, Paris.

さて、ラングドンにならってクレイマーがこの神話を「パラダイス神話」と理解したのは何故であろうか。その把握は的を射ているであろうか。この神話ではエンキがニンスィキル（「処女」の意味をもつ神名）とともに住むディルムンには「ライオンが（餌食の生物を）殺すこともなく、狼も仔羊を掠奪したりはしない」（一五―一六行）とか、老人は自らを老人とは思いもしないし、病気もないとかの叙述が指摘されうる（二二―二五行）。たしかにそれだけを取り上げるならば、そこには現世の人々を悩ます死とか病気とか、あ

るいは恐ろしい害獣も「存在しなかった」ということになるかもしれない。しかし、シュメール語の表現は、これらが「存在していた」ことを明記しているのである。存在はしていたけれども、ただそれらはまだライオンが獲物を捕えたり狼が羊を喰ったり、あるいは眼病が人間を悩ませたりする本来の働きをもっていないのにすぎない。それらはこうすることをまだ「知らない」のである。それは果してパラダイスであろうか。生物はそれら各々の機能を十分に発揮できるときこそ幸福なのである。クレイマーがディルムンをパラダイスと把握しようとしているのは、聖書のパラダイス説話の「原型」をより古い時代に探求しようという気持があるからであろう。ちょうど「ノアの洪水」の話がメソポタミアにその「原型」を見い出したように(「洪水伝説」を参照)。

では、何故ディルムンではそのような状態が存在したのであろうか。神話はその答を、水の神エンキに対してニンスィキル女神が「町には水がない」(三五行その他)と訴えている言葉で暗示している。ディルムンは清浄な国で、そこにはありとあらゆるものが備わっていたのであるけれども、そこの生物は魂を抜かれた「生き物」だった。それは水がなかったからなのである。そのような観点から、上掲書でランベールとトゥルネイとはこの神話を「パラダイス神話」ではありえないと結論しているが、もっともな見解である。

さて、エンキがディルムンに甘い水をふんだんに供給したあと(五三―六四行)、舞台は一転し、南メソポタミアに数多い葦の生えた沼沢地となる(六五―七八行)。エンキはニントゥに求婚する。文意が不明瞭な点があるが、ここで語り手はいままでとは異なるタイプの創造の物語を展開する。ディルムンには、この物語によると、初めから万物が存在していたのだが、いまや男女両性の交合による生殖が展開する。沼沢地で、大空のもとに白昼かれらは交わり、妊んだニントゥは九日たつとニンム女神を産んだ。九日は人間の九カ月に相当する。この物語ではニンフルサグはニントゥ、ダムガルヌンナ、ニンスィキルなど幾つかの名で現われる。その間に必然的関係を見い出すことはできない。ランベールはそれ故その理由を同一神の地域地域の名であろうと理解する。自分に親しい呼称が物語の中にきき取れるならば、聴衆はいっそう物語に親しみを感じるからである。

成長したニンムを見初めたエンキは従者イスィムドゥの助力で彼女を我が物とする(九一―一〇四行)。もちろん彼らは親子なのだが、神話ではそれは問題にならない。ニンクルラが誕生する。エンキの娘を産むのは今度は彼女の番で、ウットゥが生まれる。こうして、エンキは次々に浮気を重ねる。ニントゥ(その名の意味は「産む婦人」)からニンム(植物の神)、さらにニンクルラ(「山の婦人」)。ここでクルとは単に山ではなくて冥界あるいはエンリルの神殿エクルのことかもしれない)へ、そして機織の女神ウットゥへという移ろいを、ジェイコブセンは大地つまり地母神ニンフルサグと水との結合から植物が生まれ、それと水との作用で植物繊維が作られるに至る過程として理解しようとしているが(Th. Jacobsen, *The Intellectual Adventure of Ancient Man*, 1946, pp. 157-60)、着想は面白いが神名の解釈はそれを全面的に支持してはいない。

エンキの浮気の繰り返しを嫌うニントゥはウットゥに知恵を授ける（一三〇―五二行）。求婚してきたら、入手し難い果物を結婚の贈り物として要求しなさいと。しかし、これは失敗した。そのときニントゥはウットゥの体内からエンキの子種を取り出して大地に蒔くと、八つの植物が生えてきた（一八七―九五行）。これはニントゥの支配分に入るべきものであるが、エンキは従者イスィムドゥが手折ってきたそれらを全部食べてしまう。ニントゥは怒り、呪い、エンキが死ぬまで姿を消してしまうと宣言する（二一八―一九行）。エンキは食べた植物のせいで身体中が痛み、衰弱する。水神の病気は酷暑の夏に水が涸れていくことの描写であろう。世界は困り果てる。神々にも名案は浮ばないそのとき、狐が現われて（二二一行）、ほうびと引き替えに女神を連れもどしてこようと申し出る。狐に連れて来られたニンフルサグはエンキの苦しむ様に憐みを覚え、彼が身体の悪い箇所をひとつずつ挙げるとともにそれをいやす力をもつ神々を産み出す（二五〇―六八行）。この身体名と神名との間には一定の対応関係があることは、M. Civil, From Enki's headaches to phonology, *JNES*[五] 32 (1973), p. 57, note 2 により明らかである。最後にエンキは女神の求めに応じて新たに誕生した八神にそれぞれの職分・持ち場を指定する（二六九―七七行）。

（五） *Journal of Near Eastern Studies*, Chicago.

こうしてみると、この神話がパラダイスを描いたものではないことは明らかであり、水と大地という生物にとりもっとも重要な二大要素との相互作用が織り成す対立と調和とがテーマであるという理解に至る。

イナンナの冥界下り

四百行を越える長いこの神話は、クレイマーが*RA* 36（1939), pp. 68-134と*JCS* 4（1950), pp. 199-214およびそれに新しいテキストを加えて考察し直した*JCS* 5（1951), pp. 1-17でInanna's descent to the nether worldと表題をつけて以来、そのようによばれている。つまり、イナンナの冥界下りがこの神話の主要なテーマであるというわけである。彼は*Sumerian Mythology*（1944), pp. 83-96やJ. B. Pritchard編の*Ancient Near Eastern Texts*（1955第二版), pp. 52-57さらには*From the Tablets of Sumer*（1956), pp. 182-95など多くの書物の中で、内容的には大差のない訳を発表している。彼の研究上の特色、すなわちシュメール語を読む際にそれの文法の詳細な分析よりはむしろ自身の主観によって理解することが多いという点（これは文学作品を「なめらかに」読むために有効ではあるが）を鋭く批判して、多くの点でクレイマーの解釈とは異なる見解を提出したA. Falkenstein, Zu "Inannas Gang zur Unterwelt", *AfO* 14（1941/44), pp. 113-38（筆者の訳もこれに負うところが多い）も、この神話を「イナンナの冥界下り」と呼ぶことに異論はなかった。というのは、不幸なことに、当時は物語の全体が知られてはいなかったからである。

（一）*Revue d'Assyriologie et d'Archéologie Orientale*, Paris.

（二）*Journal of Cuneiform Studies*, New Haven.

（三）*Archiv für Orientforschung*, Graz.

欠けていた部分が大きく補足されたのは、クレイマーとギャッドがウル市出土の文学テキストを多数発刊した一九六三年のことであった（*Ur Excavations Texts*, VI-1, Nos. 8-11）。クレイマーはすぐにこれら新しいテキストの翻字と訳とを *Proceedings of the American Philosophical Society*, 107/6（1963）, pp. 510-16 に発表した。

これらウル出土のテキストは先に知られていたニップール出土のテキストとは内容的に若干異なってはいるが、物語の全体的構成をはっきりと教えてくれる。それによると、この神話ではたしかにイナンナが全編を通じての主人公であり、彼女が冥界を、生きたままでは訪れてはならないはずの死者の世界を訪れたからこそ結末のドゥムジの悲劇が生じたのであるから、「イナンナの冥界下り」というタイトルは相当に妥当ではあるが、しかし、Th. Jacobsen, *The Treasures of Darkness*（1976）, pp. 61-63（pp. 55-61 には詳しい内容紹介がある）が指摘するように、決してそれだけではないことが判明した。全編の内容の紹介は後まわしにするが、この物語では死体となって冥界に拘留されてしまったイナンナが地上界に昇ってくるにはその身代わりをひとり置かなくてはならず、彼女はそれを夫ドゥムジでもって解決する。冥界に連れ去られてしまった弟を探しにやってきた彼の姉ゲシュティンアンナとこのドゥムジに対して、イナンナはドゥムジが活動的である半年にはその姉が、そして姉が活動的である半年にはドゥムジが、倒れ伏しているように運命づける。すなわち、ここでも、或る者の蘇りは他の者の死を要求する。このことが、この神話のテーマの一側面である。牧神であるドゥムジは春に穀物が収穫され、家畜が肉の貯蔵のために屠られると、冥界へ赴く。そうすると、彼の姉ゲシュティンアンナ（その名は「天の、または、気高いブドウ樹」）は弟をさがし求めて冥界に下っていく。その時期はブドウが収穫される夏から秋にかけてのことである。そこで姉弟は再会するが、やがて弟は、イナンナが彼らに定めた運命により、地上界へ昇っていき、生気が地上を訪れる。

豊穣の女神イナンナが冥界に下る理由は説明し難いが、ジェイコブセンは、人々の倉庫に食物の貯えがなくなってしまう時期（晩冬）にイナンナは死に、それをエンキが生命の草と水で復活させると説いている。実際、春になると河川に水が溢れてきて、沙漠は緑野に変り、穀物は実り、家畜も殖える。そうすると、今度は肉の貯蔵のために家畜が屠られる。これは牧神としてのドゥムジの死である。

さて、物語は「浄らかなエレシュキガルよ、あなたの讃歌（を歌うこと）はすばらしい」という句で結ばれている。このことは、実はこの物語がイナンナ、ドゥムジだけではなくて、むしろ彼らの敵対者、冥界の女王にも大きな焦点をあてたものであることを示している。これがこの物語の第三の側面である。聴衆は冷酷な死の女神が、冒険心の強い、冥界の掟を破ろうとするイナンナを死体に変えて拘留し、あるいはその身代りをあくまでも要求してそれを貫徹するという線を、或る種の畏怖心を抱きつつ、この物語を聞いていたにちがいない。イナンナ対エレシュキガルの闘争を。イナンナでさえ抵抗し難いエレシュキガルの強さを。

全体の構成は、まず、何らかの理由により女神イナンナ(「天の女主人」)が冥界に下っていくことを決意し、あらゆる聖堂をあとにした(一―一三行)。代りに、彼女は《神力》とか宝石とか胸飾りなどで身を飾る(一四―二五行)。冥界に下るに先立ち、使者ニンシュブルを呼びよせて彼女は命令をしておく。もし彼女が三日経っても戻って来なかったら、神々の家をまわって、助けを乞うのですよ、と(二六―七一行)。

冥界に下っていったイナンナは地獄の門で門番ネティと押問答をしたのち(七二―九二行)、冥界の女王で自分の姉エレシュキガルの許可を得(九三―一一九行)、七つの門をくぐっていく。ところが、彼女が門一つをくぐるごとに、彼女が身につけていた装飾品はおろか着物さえはがされてしまい、ついには素裸にされてしまうのだが、これも冥界での掟とあっては抗議することもかなわない(一二〇―六一行)。地獄の女王の前では裁判官たちが控えている。女王はイナンナに《死の目》を向ける。彼女は死体に変わり果てて、木釘にぶらさげられてしまう（一六二—六八行）。

三日三晩が経ったとき、イナンナの使者ニンシュブルは命令通りに神々をたずねまわり、援助を求める。エンリルを、ナンナルを。ところが、彼らは言を左右して、みこしを上げない（一六九—二〇六行）。最後に、彼女はエリドゥのエンキを訪れる。幸いにしてエンキは同情し、爪の垢で二つの生物《いきもの》を作り、生命の食物と水を托して命令する。地獄の女王のいう通りにして彼女の病を癒して（？）やりなさい、ただしそのお礼としてもらうべきものは、イナンナの死体であるぞ！　と（二〇七—四七行）。彼ら二人はそれを忠実に実行し、死体をもらい受けて、それに生命の食物と水をふりかけると、イナンナは生き返る（二四八—七二行）。イナンナは地上に戻るのだが、それには自分の身替りを冥界に差し出さなくてはならない。そこで、彼女とともに鬼神がついてくる。ニンシュブルやシャラ等を身替りとしようとする鬼神に対し、彼女は彼らの忠誠ぶりをほめたたえて、これを阻む（二七三—三三〇行）。

最後に彼らはドゥムジのところへやってくる。彼はニンシュブルやシャラ等とはちがって、少しも哀悼の態度をとっていなかったのだ。夫ドゥムジを見るなり彼女は叫ぶ——「こいつを地獄に連れて行ってしまえ！」と（三三一—五二行）。蒼白となり、イナンナの兄ウトゥに助けを求める彼の懇願は聞き入れられて、姿を変えた彼はいったんは鬼神の魔手から逃れられるが（三五三—A四六行）、鬼神の追求は厳しく、ついに彼は自分の《羊小屋》でつかまり、さんざんなめに会う（A四七―七二行）。

数多くの大小の文書から再構成されたこの物語は、紀元前第二千年紀前半に今日伝わる形で書きとめられた。それより古い時代のことは不明だが、前二三五〇年頃サルゴンによって建設されたアッカド市が言及されているので（一三行）、それよりも後のことは確かである。

ギルガメシュとアッガ

ここに収録した「ギルガメシュとアッガ」は、現在まで伝わっている、シュメール語で書かれた九つの叙事詩のうちの一つである。これらの九つは、その長さが一様ではなく、「エンメルカルとアラッタの神官」のごとく六百五十行近いたいへん長いものもあれば、この「ギルガメシュとアッガ」のようにわずか百十五行だけのものもある。この九つの叙事詩のうち二つはエンメルカルという人物を主人公にしたもので、その一つは前記のもの、他の一つは「エンメルカルとエンスクシュシルアンナ」である。また、英雄ルーガルバンダを中心とするものには「ルーガルバンダとエンメルカル」と「ルーガルバンダとフルルムの山」の二篇がある。その他残りの五叙事詩は、シュメールの数多い英雄の中でもとりわけ名高く、かつ愛された人ギルガメシュを中心人物に据えている。それらの表題だけでも列挙するならば、「ギルガメシュと天の雄牛」、「ギルガメシュの死」、「ギルガメシュと生者の国」、「ギルガメシュ、エンキドゥと冥界」および「ギルガメシュとアッガ」である。ギルガメシュの物語は後世シュメールのみでなく、アッカド、ヒッタイトなど幾多の民族にも広く流布し、それぞれの言語で記録されていった。

ところで、各叙事詩の内容の紹介はさておくとして、これらのすばらしい作品を育んでいったシュメール民族の歴史の大略をここで辿っておくことは、作品の理解に決して無益ではあるまいと思われる（ここでは紀元前二三四〇年頃のアッカド王朝成立以前までを対象とする。それ以後の歴史については、本巻収録の「グデアの神殿讃歌」と「シュルギ王讃歌」の解説、および「ウルの滅亡哀歌」を参照されたい）。

今から約六千五百年くらい前メソポタミア南部に初めて人々が移り住んで来たようだが、彼らが紀元前一七九二年のハンムラピ王の即位頃まで民族としてメソポタミア史で活躍し、またその文明は現代のわれわれの些細な面に至るまできわめて多大の影響を及ぼしているシュメール人の祖先であったかどうかについては、現在なお決着を見ていない。だが、その後紀元前三〇〇〇年頃になるともはや疑問の余地なく、シュメールと後世呼ばれるようになる地方にシュメール人が生活していた（チグリス川とユーフラテス川という二大河川に挟まれた両河地方、すなわちメソポタミアはその北半部をアッシリア、南半部をバビロニアと呼ばれていた。さらに、バビロニアの北半分をアッカド地方と称し、南半分が大まかに言ってシュメール人の活動の舞台であるシュメール地方とよばれる）。

紀元前第二千年紀の第一四半期のイシン・ラルサ時代に完成したらしい、王の名前と治世年数を記録するいわゆる「王名表」（キング・リスト）によると、シュメール人は「王権は最初天から下ってきた」が、その後大洪水があって（本巻収録の「洪水伝説」を参照）すべてが一新されたと考えていた。続けてこの「王名表」は、その後キシュ、ウルク、ウルなどの諸都市国家の、エタナ、エンメバラゲシ、アッガ、ギルガメシュ、エンメルカル、ルーガルバンダなどの諸王がお互いに覇権を巡って抗争を続けたこと、王権は諸市を転々と移動していたことを伝えているが、これらの人物のうち今までに何らかの文字による同時代の記録が発見されてその実在が立証された人物には、エタナとエンメバラゲシがある。紀元前二八〇〇―二七〇〇年頃の人エタナの時代には楔形文字――最初は絵文字であったが――の使用が普及したと見られている。その他の人物については、架空の人物であるというわけではもちろんなく、今のところその証拠が発見されていないということであって、とりわけギルガメシュなどはそのうち彼の碑文が――それがいかに簡単なものであろうとも――発見される可能性もあるし、かつ期待されている（「王名表」にその名の出てくるその他多数の王のうち碑文で実在人物たることを立証されている者は大勢いる）。なお、この「王名表」からは除外されているが実在の人物として一言述べる必要のあるのは、一方では、ウルのメシュカラムドゥとアカラムドゥである。彼らはイギリス人のウーリーによって発掘されたいわゆる「ウルの王墓」から、他の豪華な副葬品とともに発見されたヘルメットや円筒印章にその名を留めている。他方は南バビロニアの都市ラガシュの諸王である。紀元前二五〇〇年頃の支配者ウルナンシェ以後約百五十年にわたって続いたこの王国はまとまった行政経済文書の他にたくさんの王碑文を残している。（一）

（一）　L・ウーリー著『ウル』（瀬田貞二訳、みすず書房）を参照。

それらの史料に基づいて今まで明らかにされた初期王朝時代末期（紀元前二五〇〇―二三四〇年頃）の都市国家ラガシュの構造の大枠は、次のようなものであった。当時神殿は精神面のみならず生活のあらゆる面できわめて大きな役割を果していて、王または本来主として宗教的機能を担っていた神官に由来するらしいエンシは、その支配権を神から委ねられ、地上における神の意志の代行者であると考えられていた。都市国家のすべての土地と人民は一様に神の所有物であると見なされており――もちろんその内にはしだいしだいに私有地の発生とその売買がかなり古くから芽生えていた。またこの時代に関しては史料がほとんどもっぱら神殿ないしはもっと実態に則して言えば支配者の経済体から出土しているのみである――、神殿の土地は神々の（実際には主に支配者の）ための直営地、分割地、そしてさらに小作地に分けられていた。人民は多くの社会的階層に分れながら農業、牧畜、菜園業、漁業、加工業などにたずさわっていたが、そのうち分割地を支給された者達はその経済体組織の中核をなす人達で、他の者は毎月支給される大麦で生活していた。また、この時代のラガシュでは奴隷の売買の記録は稀であるし、主に紡績、機織《はたお》りにたずさわっていた女奴隷以外は奴婢の数はきわめて少なく、生産に占める奴隷の役割の小さかったことは注意されなくてはならない。

主産業はもちろん農業——おもに大麦栽培——であったので、そのための灌漑組織の整備は国家の死活にかかわっていた。人民は毎年運河を掘ったり浚渫《しゅんせつ》に動員された。ところが、紀元前二四世紀頃になると、長年にわたって行なわれてきた灌漑の継続と排水技術の稚拙さとの結果耕地に次第に塩が蓄積され、農業の生産力は、とりわけ南メソポタミアで低下し始める。そこで生産力を維持するためにはより大規模な灌漑網の整備とそれを効果的に管理できる強大な統一権力が、各地に割拠する小さな都市国家の代りに、求められてくる。まず最初の統一事業はシュメール人のルーガルザッゲシによって進められた。はじめウンマから起った彼はウンマの長年の宿敵、隣国ラガシュの征服を皮切りに、ウルクその他をうち従え、「ウルク王、（シュメールの）国土の王」という称号を獲得した。花瓶に刻まれた彼の碑文によれば、彼は「下の海からチグリス・ユーフラテス川沿いに上の海に至るまで」つまりペルシア湾から地中海に至るまでその領土を拡大した。ところが、このルーガルザッゲシにはさらに手強い相手が北方から現われた。セム系民族のアッカド人の王サルゴンが新式の武装をした部隊を率いて各地を征服し、アッカド王国を建設、やがてメソポタミア地方の政治的統一は成ったのであった（紀元前二三四〇年頃）。

では次に、「ギルガメシュとアッガ」の内容の展開を辿りながら簡単に集会についてふれてみよう。わずか百十五行という、前記九つの叙事詩中最も短いこの物語は、北バビロニアの都市キシュの王アッガが派遣した使者たちがウルク（南バビロニアの都市）の王ギルガメシュのもとへ勤労奉仕を勧告に来たことで始まる。彼、ギルガメシュ王は断固とした抵抗の意志表示を内心期待しながら彼の町の長老たちの会議に諮問する。ところが、みごと予期に反して会議の結論はこうなった――「灌漑施設を完成させるためにはキシュに服従すべきだ」（一一―一四行）。あての外れた王はその勧告を拒否して、次に若者たち――自由人の成年男子。とりわけ武器を持って兵士となり得る者たちを指すと思われる――を召集して抵抗をそそのかす。案の定若者たちは威勢よくギルガメシュに賛同する――「アッガなど恐れることはない！」と（二五―三九行）。クレイマーの解釈では、二五―二八行は、特権を有する長老たちを若者たちが悪く言っているとする。そうであるとすれば、二五―二七行は長老たちの行為の表現であり、二八行は「彼らのうちのいったい誰が勇気を持っているだろう（もっていやしない）」ということになる。しかし、どちらがより妥当か私には決め手がない。

ここで一つ注目すべきことは、長老と若者たちとの二つの集会の存在である。「グデアの神殿讃歌」には第八欄一四行にエニンヌ神殿のウブシュキンナという名前の中庭が出てくるが、これはそこで集会が行なわれる場所という意味である。また、時代は下ってアッシリアやバビロニアの史料からも市民（男子）が集会をもって重要事件に対処したことがわかっている。さらに、いくつかの神話は、神々が集会を開くことがあったことを語っている。もちろん、これらから推定される集会が歴史時代、とりわけ初期王朝時代の末に機関として機能したり存在していたかどうかは、現在のところ史料の上に直接確認されてはいない(実際、この時代にはそれはほとんど不可能だっただろう)。だが、神話には往々その民族の古い体験が神々や英雄の時代の世界のこととして姿を現わしている。この「ギルガメシュとアッガ」の場合もその例外ではなく、これらの機関の存在と機能とがこの物語を伝えてきた人たちのまったくの創造物であると見なすことはできない。これらの集会は戦争とか重大裁判など国家全体の命運にかかわる一大事の際に召集され、その決議は一般成員はもちろんのこと、支配者の行動をも束縛するものであったろう。無論その拘束力の強さは、支配者がその立脚する共同体との関係によるだろうが。長老会議に続いてギルガメシュは民会(若者たちの集会)を訪れるが、それも実際に武器をとって闘う若者たちの意向を無視しては王と言えども宣戦布告をできなかったからであると思われる。集会の存在を疑問視する見解も強いが、(二)かつての原始共同体の遺制、伝統が続いていて、王権がそこからまだ十分強力に自立していないで人民が王権をある程度規制できた時代を想定することは決して無理ではなく、「ギルガメシュとアッガ」はそれを反映しているのであろう。

(二) たとえば前川和也「『原始民主政』論と多系的進化論——シュメール社会の発展段階をめぐって」(『西洋史学』八〇号、昭和四十四年)を参照されたい。

さて、本筋に戻ろう。ギルガメシュは何故アッガに屈服することを拒んだのか。それは結末部が暗示しているように、昔彼が亡命者となったとき、アッガは彼を暖く庇護したことがあったが、そして、アッガはギルガメシュをウルクの王に就けたのだが、英雄ギルガメシュの自負心にはそれが負い目になっていた。それをとり払うには、主君アッガが臣下の町に課してきた賦役を拒否して、武力で王に打ち勝つしかない。それが両者の闘いの原因であると、ジェイコブセンは考えている。たしかに、ありうることである。

屈服を拒絶し、当時強大な勢威を誇っていたキシュ王アッガに果敢な闘いをいどんだウルク軍ではあったが、予期以上の苦戦にその士気は奮わなかった。憂慮した王ギルガメシュは兵士を集め、誰かアッガのもとへ使いに行く勇士はいないかと問う（四八―五四行）。これに応じたギリシュフルトゥルは城門を出たとたんにキシュ軍に捕えられ虐待されながらアッガの前に出る（五五―六三行）。その時もう一人のウルク軍の勇士が城壁から顔をのぞかせたのを目ざとく見つけたアッガに対し、ギリシュフルトゥルは、私の王はもっと雄々しいすばらしい人ですと答える。アッガの軍勢がホッとしたのも束の間、今度はギルガメシュその人が顔を出したことを教えられてたちまち色を失い恐怖にとらわれ壊滅してしまう（六四―九九行）。一〇二行目からはギルガメシュがアッガを自分の上司として誉め称え、彼がかつて自分に対してとってくれた暖い待遇に感謝している（―一〇六行）。

ギルガメシュはアッガを釈放した。これで彼のアッガに対する心理的負い目は解消したのである。以後の両人の関係が、ジェイコブセンの推測するように、改めてギルガメシュがアッガを自分の主人として認めたものとなったかどうかは分らない。

紀元前第二千年紀前半にニップールで書かれた文書多数から再構成されたこの叙事詩は、M. Witzel によってその一部が発表されて以来（*OrNS* 5（1936）, 331–46）、クレイマーの努力で次々に新しいテキストが発見されてきて、今ではほぼ完全に物語りが組み立てられている。そのテキスト翻字と訳は J. B. Pritchard 編 *Ancient Near Eastern Texts*（1955）, pp. 44–47 にのったクレイマーのものが代表的であるが、他に Th. Jacobsen, Primitive democracy in ancient Mesopotamia, *JNES* 2（1943）, pp. 165–66 や同人の Early political development in Mesopotamia, *ZANF* 18（1957）, pp. 116–18, note 55, あるいは A. Falkenstein, Zu 'Gilgameš und Agga,' *AfO* 21（1962）, pp. 47–50 などがこの叙事詩の解釈、とくにその背後の事情を知る上で有益である。

ドゥムジとエンキムドゥ

この物語は一九四八年に S. N. Kramer により Dumuzi and Enkimdu : The dispute between the shepherd god and the farmer god, *JCS* 2, pp. 60–68 として発表されたときに[一]は、約九十行の長さであった。ところが、その後一九五二年に A. Falkenstein がさらにも

う一つ別の粘土板（*BE* XXX 4）に書かれている五十四行の長さの、太陽神ウトゥとイナンナとの問答の物語がそれの前半であることを指摘するに及んで、一九五三年にJ. J. van Dijk は *La sagesse suméro-accadienne* の中で両者を一連のものとして結び合わせて発表した。（但し、クレイマー自身はこの *BE* XXX 4 文書をまったく別の物語であると見なしている）[二]。これらの文書はいずれもニップール出土で紀元前第二千年期前半のものと思われる。従って、そのシュメール語は同時代の他のもの同様に、理解し難い点も多い。

（一）これは Th. Jacobsen et al. *The Intellectual Adventure of Ancient Man* (1946), pp. 166–68 に載せられたジェイコブセンのこの物語に対する理解に反論するために書かれた。

（二）これに対して、E. I. Gordon, *BiOr* 17 (1960), p. 145, note 202 の見解を参照されたい。

牧人ドゥムジと農夫エンキムドゥが一人の乙女イナンナの夫になろうと争ってお互いに自分の長所を主張し合うこの物語は、シュメール語ではアダミン・ドゥッガ（adamin-du_{11}-ga）と呼ばれるジャンルに似ている[三]。アダミンという単語は、表意文字で書かれた場合、元来ひとが二人向い合って居ること、つまり対立していることを示すものであって、名詞としては「二人」から「決闘」を意味し、動詞としては「決闘する」、さらに、「競（い合）う」、「ライバルとなる」、「論争する」ことを表わした。また、この術語の後半ドゥッガは「話す」、「行なう」という動詞の分詞形である。結局全体としては、二人、または多人数の者、多くの場合には動物、植物、鉱物、職業、季節または器具などの擬人化された物が、自分こそは他者に対してまさっているのだと、お互いに主張し合うことがテーマとなる文学ジャンルを指す術語として用いられた。このアダミン・ドゥッガのジャンルに属するものとして現在私たちに知られているものには、クレイマーとファン・デイクによれば、次のようなものがある――「檉柳《タマリスク》となつめ椰子」、「牛と馬」（以上二つはアッカド語の作品）[四]、「犬、狼、ライオンと狐」（シュメール語とそのアッカド語訳）、「家畜と穀物――ラハルとアシュナム」、「つるはしと鋤」、「木と葦」、「魚と鳥」、「夏と冬」、「銀と銅」、「エンキマンシとギリネイシャグ」、「ひき臼とグルグル石」、「エンキタルとエンキヘガル」、「二人の学校卒業生」その他（以上はシュメール語）。今ここでこれら各篇の物語の内容を紹介する余裕はないが、これらアダミン・ドゥッガに共通している構造を簡単に述べると、

Ⅰ　まず導入部では、話の神話論的・原因論的導入でもって登場人物たちの創造された過程や彼らの属性と機能などを紹介し、争いの原因を叙述する。

Ⅱ　それに続くのは、争いの主要部分であって、そこでは競争者たちはお互いに自己の長所をあれこれ並べ立て、その逆に相手方のさまざまな点を極力中傷しようと努める。

Ⅲ　次の舞台となるのは、神によるその判定である。裁判官の役割を果すある神の前に出た論争者たちは自らの信ずるところを述べ立てて自己弁護するくだりであり、神による判定が続く。

Ⅳ　結びとなるのはこの判定の後で対立者が和解する場面で、「めでたしめでたし」というわけである。

(三)　ゴードンはこの作品の末尾（一四二行）でこの用語が使われてはいても、この作品を「言い争い」のジャンルとは異なる神話とみている（前注（二）の書で）。

(四)　ゴードンによると更に「ロバと………」、「小麦とナンシェ女神」がある。

ところで、「ドゥムジとエンキムドゥ」の場合には、この基本的構成はどうあてはまるだろうか。順次その内容の展開を略述しながら見てみよう。

導入部分はきわめて長く、一行目から八八行目まで続くと考えられる。冒頭で妹イナンナに話しかけているのは太陽神として知られるウトゥ（バビロニアのシャマシュ）である。彼は妹に向って、亜麻もすでに実っている、さあ、それを紡いで織って結婚の支度をしなさい、と勧めるが、イナンナはこれに対し、反物ができ、着物が完成したあかつきに私が嫁ぐのは誰なのかと問う（四一―四二行）。兄、ウトゥは牧人のドゥムジを彼女の夫として勧めるが（四三―四八行）、ところがこれはイナンナには気に入らない。彼女は牧人よりも農夫のエンキムドゥを愛していて、後者の長所を列挙する（四九―五四行）。それでもウトゥは五五―六二行でなお牧人を推薦するのだが、再度拒まれる。ただし、イナンナが拒絶する言葉はテキストの上に現われていない。この物語の冒頭および末尾にある bal(-bal)-e(-dam) という術語によって、この物語は、登場人物に扮する人々が交互に歌い詠《よ》む、ないしは演じたものであると思われるから、イナンナは二度目の拒絶の際には身振りで聴衆または見物衆に自分の意志を伝えたのではなかろうか。

今度は趣向を変えてウトゥは、ドゥムジと結婚すればバターとかミルクなど実に素晴しいものが得られるではないか、と具体的に例を挙げてイナンナを口説き落とそうとする（六四―七三行）。そのあとテキストが破損しているが、それでもなおイナンナは心を変えることなく、「私はエンキムドゥと結婚したいのです」と宣言してしまう（七四―八八行）。

以上が導入部であり、ここでは次に来るドゥムジとエンキムドゥが争っているその原因がイナンナにあることを明らかにしている。また、たぶん、ウトゥが再びドゥムジを勧める五五―六三行、とりわけ五五―五八行の間が対立する者二人の機能を簡潔に述べていると思われる。

主要部分は八九行目から一一八行目までの約三十行。導入部に比べるときわめて短い。しかもここでは、テーマが論争であるとは言っても、話し手は専らドゥムジただ一人であって、エンキムドゥはひとことも言葉を発していない。彼が果して舞台に登場しているのかどうかもはっきりしない。だが、読者はその行間にドゥムジがエンキムドゥに負けるものかと乙女イナンナを前にして白熱の大演説を繰り広げているその様を読み取ることができよう。

ところが、この物語には、前記のⅢ、すなわち、両者の争いを調停する神は現われない。

一二六と一二七の両行が示すようにこの段階では未だ決着がついていない。もちろん、このドゥムジの熱弁でイナンナは彼に心を傾けたにちがいないと思われる。それでドゥムジは喜んで放牧している。ところがそこに恋敵の農夫がやってくる（一二三行）。ドゥムジは再び口論をいどむが、ところが農夫は潔く自分の敗北を承認する。そのエンキムドゥの言葉が一二八行以後続いている――「私が君と、ねえ牧人よ、君と、私が君と、なんだって張り合ったりするだろうか。」彼はドゥムジに自分の畑を彼の羊群のために提供することを申し出てドゥムジと和解を計る。これを受けて後者も一三四行目から「イナンナの夫」としての立場からエンキムドゥを自分の友の列に喜んで迎える。農夫がイナンナに向って彼女に贈物を約束するところでこの物語は終る。

こうしてみると、農夫と牧人が乙女イナンナを妻に得ようというテーマを巡って展開するこの物語の構成上の特徴はⅡで対立者の一方のみが語り続けているということの他に、Ⅲでそれを調停するべき神の登場とその前での両者の対決のくだりが欠けていることであると言えよう。(五)

（五）この点で、これは神話であるというゴードンの見解が妥当かもしれない。

なお、登場人物中イナンナとドゥムジの関係については「イナンナの冥界下り」「イナンナ女神の歌」などを参照。

ウルの滅亡哀歌

全篇四百三十六行に達するこの哀歌はその主題をウルの滅亡という歴史上の大事件に求めている。このウルの町というのは、メソポタミア南部のシュメールと呼ばれた地域（北メソポタミアをアッシリア、南メソポタミアをバビロニア、さらにそのバビロニアの北半をアッカド、南半をシュメールという）でも南方にあった都市で、その歴史はたいへん古いシュメール人都市であった。紀元前二六〇〇年頃のこの町の支配者の墓地（いわゆる「ウルの王墓」）が土中深く埋っていたのをイギリス人のウーリーが発掘したときには、(一) そこから出土した豪華な遺品や大量の殉死者などが世間を大いに興奮させたものである（紀元前一九〇〇年頃までのメソポタミア史の概略は、本巻所収の「ギルガメシュとアッガ」、「グデアの神殿讃歌」および「シュルギ王讃歌」の解説を参照）。

(一) L・ウーリー著『ウル』（瀬田貞二訳、みすず書房、一九五八年）を参照。

紀元前二一〇〇年頃成立して、メソポタミア地域外にも大きな影響力をもったウル第三王朝もその最後の王イッビーシンの時代（紀元前二〇二七―二〇〇三年）には内外の叛乱、侵略で衰え、ついに最期を迎えた。その外敵として、この哀歌はスー人（スバルト人？）とエラム人を挙げている（二四四行）。これらはイランの高原に住んでいた民族である。しかし、現実には、それ以上の敵は、王のかつての部下で後に（紀元前二〇一七年頃）イシン王朝を開くことに成功したイシュビエルラだった。イッビーシン当時の困難な情況をよく伝えた書簡[二]が、若干後の時代に作られたコピーの形で現代にまで伝わっている。そこには難解なシュメール語が並んでいるが、それでもイッビーシン王とその敵対者イシュビエルラとの間の軍事的、政治的関係を呈示してくれる。それによると、発信者は王、受信者はカザルル[三]という都市の官吏プズルヌムシュダで、彼は王に忠誠を誓っている武将である。彼にあてて王の書いているものは――「汝は汝に向って進軍してくるイシュビエルラに対してなぜ抵抗しないのだ。軍隊を汝の要求通り先に私は送ったではないか。なるほどエンリルをはじめとする神々はシュメールの主権をイシュビエルラに与えることを決定し、後者はそれにのっとって行動しているのではあるけれども、エンリルは他方、いまやマルトゥ人[四]を立ち上らせ、エラム人を私の援助者としてやって来させ、イシュビエルラを捕えようとしているのだ。だから、汝も早く行動を起すように！」大意はこうなっている。

（二）訳としては、C. Wilcke, Drei Phasen des Niedergangs des Reiches von Ur III, *ZA* 60（1970）, pp. 54–69.

（三）中部バビロニアの都市。

（四）西方のセム系民族。

果してイッビーシンとエラム人との間に敵イシュビエルラに対抗する同盟関係が成立したかどうかは分らない。協力し合ったというよりもむしろ別々にそれぞれの思惑で行動し、時にはエラム人がイッビーシンの敵イシュビエルラたちと闘うことが生じた。これをイッビーシンの側で有利に判断、利用しようとしたのが実情に近いだろう。実際、以下に訳出した「哀歌」でも、上述のようにエラム人はスー人とともにウルのエキシュヌガル神殿等を破壊した人として描かれているし、「第二のウル滅亡哀歌」（従来は「シュメールとウルの滅亡の哀歌」と「イッビーシン哀歌」という二つの別個のものとして扱われていた五百行にも達する長編哀歌）も「（神々は）イッビーシンをエラムの山へ罠にかけて（つまり捕虜として）連れ去ることを（決定した）」（三五行）と述べている。その点の詮索はともかくとして、彼イッビーシンの二十四年間にわたる長い在位期間中、かつてのウル第三王朝の威信はまったく地に落ちてその大領土の主要部分はイシュビエルラの手中に握られていたとはいえ、からくも首都ウル市だけは保っていたようである。ところが、それにもついに最期の日がやってきた。

大体このような歴史的背景をもちながら、一つの文学作品として「ウルの滅亡哀歌」は誕生した。それはあくまでも一つの文学作品であって、決して歴史叙述ではないし、歴史上の事実を（多分に）盛り込んで、それを文学的に潤色した、ある程度は歴史的事件を反映しているものとして見ることもできない。テーマだけがウルの滅亡に求められたにすぎない。また、この哀歌は、滅亡の原因についてはいっさいふれていない。(五) それを念頭においた上で、次にこの大哀歌の構成を、作品理解に少しは役立つように、順に追ってみよう。

（五）「第二のウル滅亡哀歌」によれば、ウルの滅亡が決定されたのはウルの住民と神々とには責任のないことで、神々の集会での決議による、致し方のないことなのである。但し、この哀歌の四三〇行目を比較せよ。

この哀歌は全体が十一幕に分けられている。今「幕」と訳してみたが、実はシュメール語ではキルグ(六)といって、たぶんこれは各章を歌い終ったあとで、それに対して答唱するグループに向けて、または何か、誰かに向けて軽く礼をすることをさしているのだろう。そして各幕と幕との間には一―二行のたいへん短い返し歌がはさまれていて、その幕の内容を的確に要約再現している。

（六） Ki-ru-gú. これは各幕のはじめにではなくて末尾に記されている。

訳ではもちろんうまく表現できなかったが、シュメール語の文学作品の特徴のひとつとして、文中で女性の語っている部分はエメサル（「女の言葉」）とよばれる「方言」で書かれ、他のエメギル（「高尚な言葉」。従来エメクとよばれていたもの）「方言」と区別されていることが挙げられる。この哀歌でも、一―七五、八八―一六九、二五二a、二五七―九八、三〇二―一〇、三一五―二九および三八六の各行がエメサルで書かれて直接間接にニンガルが語ったことになっている。この「方言」の差は大阪弁に対する江戸弁の使用というニュアンスのものではないので、日本語にはうまく移せないのが残念である(七)。

（七）「ナンナル神に対する『手をあげる』祈禱文」の解説を参照。

また、文章は、一読すれば明らかなようにたいへんに繰り返しが多い。これは目で読む作品としてではなく、耳で聴く作品だったからである。そして、この繰り返しは状況の雰囲気を盛り上げるのに効果をもっている。

第一幕では（一―三九行）、シュメールの主神エンリルをはじめとする神々がバビロニアの諸市とそこでの神殿（訳では「家」。つまり、神々の家こそ神殿である）を捨て去り、その結果、家畜小屋などが今や空っぽになってしまったことを嘆く描写が続いている。「羊小屋が空っぽになる」とは、都市の荒廃を象徴している。ただし、これらの中にイシンが含まれているのは奇異である。この都市は勝利者イシュビエルラの王国の首都として栄えたからである。たぶん、この哀歌がつくられはじめた頃の状況を混入させた結果であろう。

四〇行目以後の第二幕では、嘆きは主舞台ウル、そしてその主な神殿エキシュヌガル（ウルの主神である月神ナンナルとその妻ニンガルの神殿）の破壊に向けられている。

第三―七幕によれば、ウルの町はナンナルとその妻ニンガルともども嘆きに沈み、ニンガルのところへ赴いて激しく慟哭する（七七―八五行）。これを受けて、ウルの町を愛する誠実な婦人ニンガルは、リラを爪弾きながら、彼女が町を救おうといかに努力したかを人々に歌いきかせる――

ある恐ろしい日が訪れた。ウルの町を滅ぼしてしまおうとする力が迫っている。彼女はなんとかしてこの不幸から町を救いたくて、微力ながらも、襲ってきた暴風に向って叫んだ――「荒野へ戻れ！」と。しかし、神々がウルの破壊を決めてしまっていたのだった。町は破壊され、人々は嘆き悲しんでいる。ニンガルはこの町を見捨てなかった。彼女はそれ以上の破壊をくいとめようと、アンとエンリルという二人の最高神の前に出て翻意を訴えるのだが、彼らは承知しない。再度試みて再び失敗する（一六一行）。

エンリルは暴風の主、キンガルウッダを送り込み、大いにウルを破壊する（一七三―二〇七行）。その結果、ウルの町は瓦礫《がれき》と化し、死体でいっぱいになってしまった。死を免れた人々も山地民族の侵入で不幸に出会う。エキシュヌガル神殿もこわされた（二〇八―五三行）。

第七幕では、ニンガルは再びウルの破壊を具体的に細かく述べ立てながら嘆く（二五四―三三〇行）。

次に、一人の歌い手が登場してきて（本文には「歌い手」ということばは使われていないが）、まずニンガルに、ついでナンナルに向けて哀歌をうたう。町が破壊され、神殿もなくなってしまった現在、ニンガルやナンナルはどのように、どこに住んでいるのか。神々がいなくなってしまったので、必要な宗教行事も行なわれなくなってしまった。民はしかし、あなた方に手を差しのべて、「どうか戻ってきて下さい」と嘆願している。神殿を建てなおしますから早く帰ってきてくれますように、と（三三一―四三六行）。このうち第八幕がニンガルに、残りの、おのおの短い三幕がナンナルに向けられている。そして、町とその民に大暴虐を働いた暴風たちは二度と戻ってきませんように、それらを町から閉め出してしまいますように、人間ははるかな昔よりずうっと、あなたのさし示してくれた道をたどってきた、今人々は困難に陥っている、でも神々が戻ってきてくれれば民は幸せをとり戻せるでしょうと、このようにウルの民の声を一人の歌い手が町の主神たちに伝え、帰還を訴えるところでこの哀歌は終っている。

　この哀歌はS. N. Kramer, Lamentation over the destruction of Ur, *AS* 12（1940）によって、それまでバラバラに発表されていた数多くのテキストを集成して、はじめて再構成された。その後も次々と別の写本テキストが発表され（たとえば、S. N. Kramer and C. J. Gadd, *Ur Excavations Texts*, Ⅵ-2 Nos. 135-39；S. N. Kramer and I. Bernhardt, *Sumerische literarische Texte aus Nippur*, Bd. 2, Nos. 18-25；H. Sauren, Zwei Duplikate zur Urklage des Musée d'Art et d'Histoire in Genf, *JNES* 29（1970）, pp. 42-47など）、全テキストがほとんど完全に知られるようになった。そして、それに伴って、クレイマーの前掲書やJ. B. Pritchard編*Ancient Near Eastern Texts*（1955）, pp. 455-63に載った同人の訳とかM. Witzel, *OrNS* 14（1945）, pp. 185-234 and 15（1946）, pp. 46-63, Th. Jacobsen,[八] *AJSL* 58（1941）, pp. 219-24, 同*The Intellectual Adventure of Ancient Man*（1946）, pp. 219-24あるいはA. Falkenstein und A. Goetze, *Sumerische und akkadische Hymnen und Gebete*（1953）, pp. 192-213などの全訳あるいは部分訳はますます完璧なものに近づいて

きている。

（八） *American Journal of Semitic Languages and Literatures*, Chicago.

冒頭にも書いたように、ウルの滅亡という、当時の人々に大きなショックを与えた事件をテーマとしているこの哀歌は、紀元前第二千年紀初頭以後に書かれたことは当然であるが、現在まで伝わっているテキスト（その多くはニップールとウル出土）の年代については前第二千年紀前半としか言えない。ついでに、ほかにいくつか次のような哀歌がある。その主な題目のみでも掲げよう。(1)ウルナンム王の死の哀歌、(2)ニップールの滅亡哀歌、(3)ウルとシュメールの滅亡哀歌（＝第二のウル滅亡哀歌）、(4)シュメール諸都市の滅亡哀歌（？）、(5)ウルクの滅亡哀歌、(6)エリドゥの滅亡哀歌、(7)エアンナ神殿とキシュの滅亡哀歌。

イナンナ女神の歌

ここでニンガルの子、また月神シンの子とされているイナンナは戦《いくさ》の女神である。彼女は生まれるとき、母親の胎内からシタ武器とミトゥム武器を手にして現われた（一〇行）。彼女には誰一人刃向うことができない（三〇行）。彼女の夫はアマウシュムガルアンナ、つまりドゥムジ（バビロニアの神話ではタンムズと呼ばれる）である（彼については本巻収録の「イナンナの冥界下り」と「ドゥムジとエンキムドゥ」を参照）。アマウシュムガルアンナのために武器をとって、敵対する国々を討伐する。彼には彼女の強力な支援がある。彼は愛妻イナンナのために無数の敵を薙《な》ぎ倒す。この歌ではイナンナのみでなく、その夫にも大いに讃辞が寄せられている。このことでもって間接的にイナンナを称えているのである。言ってみれば、ドゥムジ、つまりアマウシュムガルアンナは女神イナンナの分身と見なされているのだろう。

ここに訳出した歌は*CT* 36, pls. 33-34にその原文が掲載され、A. Falkensteinが*ZANF* 14 (1944), pp. 105-13と*Sumerische und akkadische Hymnen und Gebete* (1953), pp. 73-76に訳と解説をつけている。古バビロニア時代（紀元前第二千年紀前半）のものである。

この歌はsa-gíd-daとsa-gar-raとの二つの部分に分れている。これらはa-da-ab歌とよばれるものに多く現われるものであるが、はっきりその内容は理解されていない（二）。各行は繰り返しが多く、今その内容をa、bなどで表記すると（若干異なっているものをa_1、b_1などで示す）、

sa-gíd-da：(1) aba_1b（一―四行）、(2) aba_1b（五―八行）、(3) aba_1b_1（九―一二行）、(4) aba_1b（一三―一六行）、(5) aba_1b（一七―二〇行）、(6) aba_1b（二一―二四行）、(7) aa_1bb_1（二五―二八行）、

sa-gar-ra：(1) abcd（三〇―三三行）、(2) a_1bcd（三四―三七行）、(3) abcd（三八―四二

行)、(4) $a_1$bcd(四三—四六行)、(5) abcd(四七—五〇行)、(6) $a_1$bcd(五一—五四行)。

(一) これについては A.Falkenstein. *ZANF* 15 (1949), pp. 95-97 を参照。

このように構成されているのは目で読む類の文学にはない特徴である。

なお、イナンナにかかわる歌は数多いのだが、ここでは、彼女の属性をうかがい知る上での参考までに、彼女が自画自讃している短い讃歌の一部を紹介する(二)(途中二行省略)。

私の父は私に天をくれました、大地をくれました。
私は、私は天の貴婦人です。
神々は束になってこそ私と並び立つ。
エンリルが私に天をくれました、大地を〔くれました〕。
私は、私は〔天の貴婦人です〕。
……………
戦《いくさ》を私に彼はくれました、闘いを私に〔くれました〕。
洪水を私にくれました、旋風《つむじかぜ》を私に〔くれました〕。
天を冠として私の頭に乗せて、
大地を履物として私の足にはかせてくれました。
浄らかなマントを私の身体にまといつけて、

聖笏を私の手においてくれました。
神々は（単なる）鳥だ。けれど、この私は隼《はやぶさ》。
アヌンナキたちは（雄牛のように）突進していくけれど、私は気高い野牛です。
私は父エンリルの忠実な野牛です。
先頭を切って歩んでいく彼の忠実な野牛です。
私がエクル神殿へ、エンリルの神殿へと入っていくときも、
　門番が私を妨げることはなく、
使い番が〈戻れ！〉と私に言うこともない。
天は私のもの、大地もまた私のもの。私は戦士。

（一）A. Falkenstein und A Goetze, 同上書の pp. 67–68 から。

ババ女神讃歌（一）

ババ女神はメソポタミア南部の古くからの都市国家ラガシュの神である。この女神の名前が何に由来しているのかはまだはっきりしていないが、とにかく古い土着の母神であったようである。数多くの物語の他、ラガシュの歴代の支配者がのこした碑文によると、彼女はラガシュのパンテオン（これについては「グデアの神殿讃歌」の解説参照）の主神ニンギルスの妻という地位を与えられている（この讃歌の二一行目でも同じ）。また、神統

としてはアン（天の神）の娘であるので、エンリル、エンキ、イナンナ、ガトゥムドゥグ[二]などと同一世代に並び、夫のニンギルスがエンリルの息子であるのに対し、一世代古いことになっている。この女神は古くから尊崇されていたとはいえ、紀元前二五〇〇―二三五〇年頃のラガシュの諸王の碑文では、初期には女神ナンシェ（ニンギルスの姉妹。ラガシュ都市国家の一地域シララン[三]の女神）がその名をたびたび現わすのに対し、ウルナンシェ時代に二度出てきて以後長く途絶え、末期のエンエンタルジ[四]時代にようやく人名の構成要素として再び姿を現わしているにすぎない。だが、その後ウルカギナ[五]の治世（紀元前二三五五年頃）に入ってから彼の「改革」に伴いその地位が重要視されてくる。事実、このことは当時の行政経済文書からも裏付けることができる。彼の二代前の支配者エンエンタルジとその後継者ルーガルアンダとの治世中に、支配者家族の経済的基盤の拡大と確立を目指して支配者の妻の家の労働者人員の規模が十倍近くに急増するが、ウルカギナはその「改革」でこれを神に戻した。もちろん、それはあくまでも観念上のものであるが、この時ババは主神ニンギルスの妻であるが故に、支配者の妻の家の財産の主人公の位置に据えられるのである。

（一）　従来バウと読まれていたが、最近はババ、バウァということが多い。しかし、まだ正確な読み方は不確定。

（二）　エンリル以下は順に大気の神、水と知恵の神、性愛と戦の女神、ラガシュの地母神。

(三) ニナともよばれる。
(四) またはエネンタルジ。
(五) その人名はウルイニムギナ「正しい言葉の町」と読まれるべき証拠がある。

さて、この讃歌は、そのババがイシンの支配者イシュメーダガーン(紀元前一九五三―一九三五年)のために行なった依頼に応えて、エンリル(シュメールの主神)が王によい運命を約束するというテーマを含んでいる。この王はウル第三王朝を倒してイシン王朝を開いたイシュビエルラの系統で、第四代の王だが(この時代の歴史の大略については、「シュルギ王讃歌」参照)ニップールの繁栄を回復したと自分の讃歌の中で述べている反面、彼およびその子の第五代の王、法典編纂者として名高いリピトゥイシュタルの時代には北バビロニア方面からの、たぶんアッシリア人の、圧力が相当に強まってきたのであって、彼らがいかに苦しんでいたかについては中部ユーフラテス川沿岸の都市マリから出た古バビロニア時代の肝臓占いなどにも伝えられている。

この讃歌の構成は、力、知識などにかかわるババのたくさんの呼称を列挙して誉め称《たた》えつつ女神に呼びかけているところから始まる(一―八行)。エンリルはババに目をかけて引き立ててやり、ババはエンリルのためにさまざまに報いる(九―一五行)。ババが主神たちからもいかに大事にされている神であるかが次に強調されている(一六―二六行)。ババは王のイシュメーダガーンに慈愛に満ちた目を向けて、永遠のよき運命を定める。

ここで初めてイシュメーダガーンが現われる（二七―三一行）。三四行から三八行までは、彼女が王の乞いにより彼のためにエンリルに、エンリルの町ニップールのエクル神殿で祈るところであり、その内容は三九、四〇の両行である。これに答えてエンリルはイシュメーダガーンのよい運命、彼の治世におけるシュメールの国土の繁栄を約束し、運命として定める（四一―五六行）。

勇士、無敵の王は誇らしげにイシンにある自分の宮殿に帰還する。たぶんそこで祝宴が開かれたのであろう（五七―六〇行）。末尾は、ババへの語りかけであって、エンリルが彼女に、イシュメーダガーンのために何をするように言ったのかを要約して語っている。

この古バビロニア時代（紀元前第二千年紀前半）につくられた歌の原文はS. Langdon, *Sumerian Liturgical Texts*, *PBS* 10-2（1917）, No.14およびE. Chiera, *Sumerian Texts of Varied Contents*, *OIP* 16（1934）, No.72に発表され、ラングドンの同上書、pp. 178-84やM. Witzel, *Keilschriftliche Studien* 7（1930）, pp. 36 ff. およびA. Falkenstein, *Sumerische und akkadische Hymnen und Gebete*（1953）, pp. 99-102に訳が載せられているが、もっとも詳しい研究はW. H. Ph. Römer, *Sumerische 'Königshymnen' der Isin-Zeit*（1965）, pp. 236-65に納められている。

シュルギ王讃歌

「シュルギ王讃歌」それ自体については余り解説を要さないと思われるので、まず主として、主人公シュルギの活躍していた前後の時代を簡単に説明してみよう（ここに述べられているのより古い時代の歴史については、本巻の「ギルガメシュとアッガ」および「グデアの神殿讃歌」の解説を参照）。

シュルギは架空の人物ではなく、実際にメソポタミア地方を支配していた古《いにしえ》の最も強大な君主たちのうちの一人である。彼の父ウルナンムがウトゥヘガルを打ち破ったのはだいたい紀元前二一一一年頃のことである。ウトゥヘガルという人物は、それまで長いこと南メソポタミアを支配していた「蛮族」グティ人の王朝を破って再びシュメール人の天下を切り開くことに功のあった人であるが、[一] 彼を倒したウルナンムはウル第三王朝と呼ばれる王朝を開いて、ウル、ラガシュ、ウルク、ニップールなど重要な諸都市の支配権を掌握したのはもちろんのこと、南メソポタミアを遠く離れる地域に至る交易路を確立していたことが彼の年名表記（毎年毎年、各年は前年に起った最も重要な事件をその名として命名された）[二] の中に見受けられる。また彼は現在のところ最古のウルナンム法典[三]を編纂した人としても有名である。その後継者シュルギの治世は紀元前二〇九三年から四十八年もの長期にわたるが、比較的平和で繁栄した時代であったと思われる。彼はウル第三王朝の全盛期の強大な力をエラムやアンシャンなどイラン方面に至るまで伸張し、ザグロス山地にまで影響を及ぼした。彼は、アッカド王朝第四代目の王ナラムシン同様「四界の王」というタイトルを帯び、また在世中から自らを神格化した。諸国との交易の他に、国内では、高度に中央集権化された王権のもとに、各地に派遣された官僚が以前の自立的な各都市国家ごとの支配者にとって代り、主産業である農業のためには大規模な灌漑網が張りめぐらされた。この時代の行政経済文書といわれるものが多数現在まで残っている。シュルギはシュメール文化の良き保護者でもあり、彼の言うところによれば彼は若いころ学校で全課程をマスターし文字を読み書きできた数少ない王の一人だった。

（一）　それについては、F. Thureau-Dangin, La fin de la domination gutienne, *RA* 9 (1912), pp. 111–20を参照。
（二）　たとえば、或る年に最重要な事件が起ったと人々が判断すると、その事件に因む翌年の年名が作られる――「ナンナル神の神官が占いによって選ばれた年」など。
（三）　その断片が残されている。

そのあとシュルギの子アマルシンの九年間の治世を受け継いだシューシンの時代ともなると、彼の王国には幾多の困難が襲ってきた。シリア方面からセム系民族アモリ人がシュメールに侵入してきたのである。次のイッビーシンの治世は二十四年もの長きにわたるが決して安定した時代ではなかった。先のアモリ人のみでなく、東方からはエラム人までこの衰退しつつある王国を大いに脅し始めたのである。ウルやニップールなど王国の主要な都市には防備をほどこしたものの、その一度傾き出した命運を再び盛り返すことは不可能だった。ついに彼イッビーシンがエラム人によって捕虜としてエラムに連行されてしまうに至る悲劇については本巻収録の「ウルの滅亡哀歌」の解説を参照。実際、この時期に王が配下の武将と交わした書簡のコピーが残っていて、当時の混乱状態が目のあたりに浮び上ってくるほどである。

　このウル第三王朝に取って代ったのは支配権を握ったイシュビエルラである。彼は中バビロニアの都市イシンを根拠地としてイシン王朝を樹立した（紀元前二〇一七年）。途中で王統が変わるとは言え、この約二百年間続いた王朝の前半はたしかに強大だった。ウル、ニップールなど主要諸都市を掌握し、第四代の王イシュメーダガーンはその讃歌の中で自分はニップールに以前のような栄華をもたらすことに成功した、と誇っている。第五代の王はウルナンム法典についで古いとされているシュメール語の法典、いわゆるリピトゥイシュタル法典を残したリピトゥイシュタルである。この法典は後の有名なハンムラピ法典に大きな影響を与えた。だが、文化史上大きな足跡を残したこの王の治世中に、南方の都市ラルサにグングヌムという人物が現われ、エラムなど東方への軍事的成功を背景に強力な権力を獲得し、ウルさえもイシンの支配権から脱け落ちてしまった。かくして、バビロニアにはイシンとラルサの二王朝が並立する時代が訪れる。だが、前者をついに抑え切ったラルサではあったが、その最後の王リムシンを脅かす者はもっと北方にいた。セム系のハンムラピ（在位紀元前一七九二―一七五〇年）がその人である。彼はついにバビロニア、エラム、マリ、エシュヌンナなどほとんど全地方を掌握した。この頃をもって、シュメール人は歴史上の主役の地位から滑り落ちてしまう。

さて、「シュルギ王讃歌」についてであるが、シュルギには十九以上の作品が残されている(四)。一体に、ウルナンムをはじめとしてアマルシン、シューシン、イッビーシンなど、ウル第三王朝の諸王には、それにかかわる文学作品が少ないと言えるのだが(五)、このシュルギの場合には並外れて多い。そのうち、この讃歌はファルケンシュタインの研究によると多くのコピーが長期にわたって作られたそうであり、その場所もニップールを中心に、北バビロニアのキシュから南バビロニアのウルクに至るまで広い地域に散らばっている。また、クレイマーが研究した昔のシュメール人の作った文学作品カタログ(六)では、第一行目前半(それでもってその文学作品の題目代りとされていた)lugal-me-en šà-ta「私は王、生来の」を標題とする多くの文学作品群中の筆頭にあげられているし、また昔の書記養成学校の教材としても用いられたそうである。では、簡単にこの作品の内容を辿《たど》ってみるならば、まずシュルギは自分の血統は神々につながる高貴なものであること、何ものにも勝るすぐれた強い王であることを誇っている(一—二六行)。ついで、彼の叙述によれば、彼は諸方向に向けてシュメールの国土中に街道網を整備し、旅人、とりわけ商人が安心して旅行できるようにと心掛けた。これは各地との交易の振興を目的としたことであって、シュルギの他にも多くの王が努力したことである。彼は約百五十キロメートルほど離れたウルとニップールの間を超スピードで疾駆できる健脚であり、ニップールを発ってウルに赴いた彼はそこで月神シンに供物を捧げると、またニップールにとってかえし、そこでも儀式を挙行して、周囲の者をおどろかせた（七八行目）――「実に一日のうちに私はニップールとウルとでエシュエシュ祭を行なった。」そして、結末では再び王の自讃が連なる。

（四）A. Falkenstein, *ZANF* 16 (1952), p. 62 参照。

（五）時代的に若干遡るグデアの文学作品については、「グデアの神殿讃歌」参照。

（六）二四二―四三頁を参照。

次に訳した讃歌は A. Falkenstein, Sumerische religiöse Texte, 2 : Ein Šulgi-Lied, *ZANF* 16 (1952), pp. 61-91 の中で多数のテキスト（そのほとんどはニップール出土）から構成され、訳と注釈をつけられている。その後クレイマーによって *Ur Excavations Texts*, VI-1, Nos. 78-79 が追加されている。訳はさらに A. Falkenstein und A. Goetze, *Sumerische und akkadische Hymnen und Gebete*, (1953), pp. 115-19 にも納められている。

グデアの神殿讃歌

グデア――古代オリエントを扱っている歴史書、美術書などをひもといたことのある人ならばきっと一度は見たことのある、丸々とした顔にターバンというグデアの座像・立像を思い出されるかもしれない。グデア――その名前は「(神によって) 呼ばれた人」という意味を持つが、彼はたくさんの像とその背などに美しい文字で刻まれた碑文を残している。彫像の碑文の数はおよそ二十にも達するだろうし、釘形文書の腹部に書かれた碑文も十近く、また大きなA、B二つのシリンダー（円筒）の長文の、文学作品と呼んでも決しておかしくない碑文もある。以下に私達が読むのはそれらのうちのシリンダーAの初めの三分の一たらずに過ぎない。

シュメール文学の中でも特異な存在であるこのグデアの「神殿讃歌」のテキストは、粘土板ではなくて高さ約五十センチメートル、直径約二十センチメートル程の粘土でつくられた円い筒の表面にぎっしりと書かれている。古代人自身はシリンダーAを「ニンギルスの家の建設のまん中の讃歌」、Bを同じく「最後の讃歌」とよんでいるし、A、Bどちらにも適合しない断片が多数あることから、第三のシリンダーが存在していたことは大いに可能性がある。

これらのシリンダーは古代のラガシュ国家の遺跡テルロー（またはテロ）でフランス人E. de Sarzec と L. Heuzey により一九世紀末に発掘され[一]出版された。今日もっともよい原文は F. Thureau-Dangin, Les cylindres de Goudéa, *TCL* 8（1925）であり、それ以後多くの研究書が出されてきた。

（一）Musée du Louvre, Département des Antiquités Orientales, *Textes Cunéiformes*, Paris.

F. Thureau-Dangin, *Die sumerischen und akkadischen Königsinschriften*（1907）, pp.

88-141 はそのもっとも古典的なものであり、A. Falkenstein, *Sumerische und akkadische Hymnen und Gebete*（1953）, pp. 137-82 や M. Lambert et R. Tournay, *Revue Biblique* 55（1948）, pp. 403-47 et 520-43（cf. 同二人の Corrections au cylindre A de Gudea, *ArOr*[二] 17（1949）, pp. 304-20）は信頼のおける全訳を載せている。また、A. Leo Oppenheim は J. B. Pritchard 編の *Ancient Near Eastern Texts*（1955）, p. 268 にシリンダーAの一部を、S. N. Kramer, *The Sacred Marriage Rite*（1969）, pp. 26-34 は A. Poebel の草稿に基づきつつ、重要な部分の訳を、紹介している。

（二） *Archiv Orientalni*, Prague.

グデアの「神殿讃歌」を正しく理解するにはそれの言語とラガシュのパンテオンのことも調べられなくてはならない。この方面での第一人者は A. Falkenstein であり、彼の次の二つはその基本的なものである。

Die Inschriften Gudeas von Lagaš, I, *AnOr* 30（1966）,

Grammatik der Sprache Gudeas von Lagaš, I, *AnOr* 28（1949）と II, *AnOr* 29（1950）.

最後に、グデア研究の現況を知るには、少し古くなるが W. H. Ph. Römer, Zum heutigen Stande der Gudeaforschung, *BiOr*[三] 26（1969）, pp. 159-71 がよかろう。

（三） *Bibliotheca Orientalis*, Leiden.

そもそもこのグデアが統治していた時代（約紀元前二一四四―二一二四年）の背景はど

うだったのか、作品のよりよき理解を助けるために、まず当時の歴史を簡単に辿ってみよう。紀元前二三四〇年頃にアッカドの王サルゴンが現われ、アッカド王国をもってメソポタミア史上初の永続的な統一政権を樹立して以後（それ以前のシュメール史の概説については、本巻収録の「ギルガメシュとアッガ」の解説を、また紀元前二一一一年成立のウル第三王朝以後ハンムラピの王国時代に至るまでの歴史については同じく「シュルギ王讃歌」の解説を参照のこと）約百二十年間ほどはこの王朝の勢威も盛んだった。サルゴンは軍事的にも政治的にも非常に有能で、大きな影響と印象を後世のバビロニア人に与えたので、のちに、父を知らぬサルゴンは嬰児のとき母が秘かに葦舟に入れて川に流したという、モーゼの伝承に類似する伝説が流布したほどだが、彼はまた自分の業績をニップールにエンリルの神殿を建てることによって記念し、そこに碑文を刻んだ。幸いそのコピーが現代にまで伝わっている。それによると、サルゴンは最初キシュ王ウルザババのもとで侍従として出発したが、やがて自立して強敵ルーガルザッゲシを打ち破り、彼をニップールの大門の前に首枷《くびかせ》をはめて晒《さら》した。南北メソポタミアを平定してからはタウルス山地の方にも進出した。後世の伝説では、彼はエジプト、エチオピアやインドと想定される地域にまで遠征軍を送ったという。たぶんキシュからほど遠くないところに新たにアッカド市を建設して首都とし、各地には代官を派遣して支配した。

　第二代の王は彼の息子リムシュである。即位早々で各地の反乱を克服したが、わずか九年で兄のマニシュトゥシュの十五年続く治世に替った。その次の第四代目は史上最も強い王者のうちの一人、ナラムシンで、前王の子である。手強い大反乱も到頭鎮圧し得た彼は、各地に大遠征を繰り返し、西は遠く地中海、タウルス山地に至るまで、東はエラム（イランの東部）をも含むという大勢力圏を築き、とりわけザグロス山中のルルビ人を征服した際には、芸術的にも極めて高度の素晴しい浮彫りのついた勝利の石碑を作っている。生存中から自己を神とし、「四つの世界の神」と称した彼にも、その晩年には大事変が生じた。しばらく後に作られた哀歌「アッカドの呪い」によると、シュメールの最高神エンリルに無礼を働いた故にナラムシンとその町アッカドはエンリルの怒りを買い、山からグティ人をはじめとする異民族が侵入し、さしもの強さと繁栄を誇ったアッカドも廃虚と化したという。そのあともこの王朝は細々と続いたが、百年ほどのあいだ政治的支配は優勢なグティ人に握られていた。

グティ人は後にウトゥヘガルの碑文では「山の蛇、サソリのグティ人、神々の敵／シュメールの王権を山へ持っていってしまった者／シュメールに敵意を満たした者／妻ある者からはその妻を掠奪し／子を持つ者からはその子を奪い／敵意と悪を（シュメールの）国土においた者」と口汚なくののしられているが、その時代は決して荒廃の時代ではなく、安定していたようだが、史料不足ではっきりは分っていない。このグティ人の王朝はシュメールを直接支配せず、ラガシュ市のエンシたちに委せていた。そこで、ラガシュはこの後ウトゥヘガル、ウルナンムの時代までウルク、ウルなどの諸市をも支配または影響下においた有力な国家として繁栄する。そのラガシュ第二王朝の礎を築いたウルババを継いだのが女婿の一人グデアである。彼の碑文から私達は、グデアがアナトリアやエジプト、タウルス山地など遠方各地と幅広く交易し、さまざまな物資を輸入していたことを知る。彼はエニンヌ神殿をはじめとする多くの神殿の建立に精力を傾けたが、それと同時にエラムの南方アンシャンに対して軍事的勝利をおさめた。この時代のラガシュはもちろんシュメール文化であったが、それと同時にわずかとはいえ語彙《ごい》とか、神々の力と支配の概念などにアッカド人の影響が現われ始めている時代でもあった。

グデアの息子はウルニンギルス、孫はウグメ（または、ピリグメ）といい合計二十年足らず。ウルババのもう一人の女婿ウルガルがそのあとで支配者となったが、それを継いだのがこれまたウルババの女婿でナムマフニ（または、ナムハニ）といい、彼はシュメール人の間に次第に高まった民族主権回復の運動にも背を向けてグティ人の王に忠実であり、滅亡していく。

さて、このように異民族の支配に屈していたグデアではあったが、彼は国内では大小さまざまな神殿・聖所を建立・修繕し、神々を斎《いつ》き奉った。なかでも、以下訳出のシリンダーAのテーマはエニンヌ神殿の建立である。この神殿は都市国家ラガシュの主神ニンギルスのものであるが、その名前は「家——五十」という意味を持つ。それはすでに初期王朝時代からギルスに存在していたが、グデアの義父ウルババの時代にも改築されたことがある。グデアはそれとは別の位置に新たに建築したらしい。後世のウル第三王朝の記録には「ニンギルスの二つの神殿」、つまり「ニンギルスの新しい神殿」(グデアのもの)と「ニンギルスの大きな神殿」(ウルババのもの)が出てくるからである。このエニンヌ神殿には数多くの聖堂とともに、神殿としての機能を遂行する上で欠かせないさまざまな宝蔵・倉庫その他の建物、あるいは供物と祈禱の捧げられる場所が含まれていた。約五十程にもその数は達する。

グデアのシリンダーAの内容に入る前に、簡単にラガシュのパンテオンの構造について触れておこう。碑文には数々の神々が現われ、重要な役割を演じているからである。先述のようにまず筆頭にはニンギルスが位置する。「ギルスの主」という名をもつこの神は元来ラガシュ(狭義)、シララン、グアバなどとともに都市国家ラガシュの一部を構成するギルスの土着の神であり、都市国家が拡大された時点で全体の主神となった。彼の妻ババ(またはバウ、バウァ)はアンの娘で、元来古くからのラガシュの神だった(「ババ女神讃歌」解説参照)。彼らの子供がシュルシャガナとイガリムである。(四)また、ニンギルスの妹とされるナンシェはエリドゥの主神エンキの娘で、シララン(またはニナとも言う)の主神だった。グデアでは夢を占い解く人となっている。ガトゥムドゥグは天神アンの娘であり、ルーガルバガラはニンギルスの別称として扱われている。ニンドゥバは「粘土板の主」。アンの孫ニンギッジダはグデアの守護神として夢の中に太陽のごとく現われる。同じく夢に登場する女神にニダバがある。彼女はナンシェから妹と呼ばれているが穀物と書との女神である。前述のように、シリンダーにはA、B二つの主なものがあり(ルーブル博物館蔵)、ほぼ完全な姿で両方合わせて五十四欄、千三百六十五行にも及ぶ文章でもってエニンヌ神殿建立の物語を伝えている。ここに訳出するのはそのうちAのわずか三分の一であるにすぎないのがはなはだ残念だが、訳出部分の位置を浮び上らせるために全体の構成の概略を述べることは必要であろう。

(四) またはガラリム。

(一) 導入部

天地にその運命が定められて、ラガシュが繁栄をもたらす洪水でもって祝福されたとき、エンリルはニンギルスに語りかける――「私たちの町ではすべてが順調だ」と(Ⅰ一―四行)。

(二) エニンヌ神殿建立の用命

(1) そのとき、ニンギルスはグデアにエニンヌ神殿を建てさせようと望んで夢の中に現われ、謎めいたお告げ(あとのⅣ一四行以下参照)をする(Ⅰ一〇―一二行)。ところが、こまったことにグデアにはそれが何を意味しているのか詳細な点までは合点がいかない。それを解いてもらうためにナンシェの許に赴こうと彼は決心する(Ⅰ二二―Ⅱ三行）。

(2)　円舟に乗ってまずルーガルバガラ（ニンギルスと同一）の、次いでガトゥムドゥグの神殿でそれぞれ神に供物を捧げて支持を訴える（Ⅱ四―Ⅳ二行）。

(3)　さらにシラランのナンシェのもとにたどり着いたグデアが夢の内容を語る――頭は神のようで、腕はアンズー鳥のごとくに広く、下半身は洪水というすばらしく大きな男が一人現われて神殿を建てるよう命令する。また、太陽が彼の方に地平線から昇ってくるし、誰だかはわからない女がいてタブレットに天の星を書き入れている。二人目の男はタブレットに見取図を描き、レンガ型と籠を彼に差し出す。さらにロバがいてじれったそうに盛んに大地を蹴っている（Ⅳ三―Ⅴ一〇行）。

(4)　これをきいてナンシェが、これはこう、あれはこうだ、とグデアにその意味を解き明す（Ⅴ一一―Ⅵ一三行）。

(5)　さらに、ニンギルスがどのような神殿を望んでいるのか自らはっきりとグデアに示してくれるようにするためのアドヴァイスをグデアに授ける（Ⅵ一四―Ⅶ八行）。

㈢　神殿建設の前の準備

(1)　忠実なグデアはナンシェのそのアドヴァイスを実践する。宝蔵の封印を破って材木を取り出し、車（戦車？）を作り、それにロバをつなぐ。また、ニンギルスのために標章を調え自分の名前を書き込み、リラを携えてすっかり支度ができた（Ⅶ九―二九行）。

(2) エニンヌ神殿で犠牲を捧げ、香をたいてから、ウブシュキンナで、どんな神殿を望んでいるのか教えてくれるようにと、主ニンギルスに祈る（Ⅶ三〇―Ⅸ四行）。〔訳はここまで〕

(3) ふたたび主はグデアの夢に現われてグデアの祈りに答える。まず、自らをこの上なくすぐれた神であるとして自己讃美したあと（Ⅸ一一―Ⅹ二九行）、神殿建立のためにさまざまな支援をすることを約束する（Ⅺ一―Ⅻ一一行）。

(4) 目覚めたグデアは畏怖し、かつ喜び、供物を捧げて感謝する（Ⅻ一二―二〇行）。

(四) 建設の準備

(1) 全ラガシュ人民に対し、心を合わせて協力し、悪事を働かぬようにと訓令する（Ⅻ二一―XIII一五行）。

(2) レンガ型を作り、儀式を行なう（XIII一六―XIV六行）。

(3) ラガシュ人民の献身ぶり（XIV七―二七行）とともに、

(4) エラム、スーサ、マガン、メルッハなど、まだ確実に判明してはいない土地をも含めた遠方から人々が材料――各種の材木、石、瀝青、銅、宝石などを運んできて協力

(?) する様がこまかに描写されている（XIV二八―XVII一行）。

(五) 神殿の建立

(1) 敷地の測量がすんだあとで（XVII二―二七行）ふたたび供物がささげられる（XVII二八

—XVIII九行）。

(2) 神々の守護のもとにレンガ型に粘土を詰め、レンガを作り、神殿に運んでいく（XVIII一〇—XIX一九行）。

(3) ニダバの助けを得て神殿のプランを定め（XIX二〇—XX二三行）レンガを頭に乗せて運び、基礎を固めてから七回繰り返して神殿を祝福する（XX二四—XXI一二行）。

(4) これからが神殿建設の本番に入るのであって、ここでグデアはエニンヌ神殿を構成するたくさんの建物を次々に建てていく。そして各所に自分の石碑を立てる（XXI一三—XXIX一二行）。

(六) エピローグ

しめくくりとしてエニンヌ神殿を讃美している（XXIX一三—XXX一六行）。

これに対して、もう一つのシリンダーBでは、竣工したエニンヌ神殿にいよいよ神々が移り住む段であり、それを祝って人々や神々が祝宴を張るさま、神々によるグデアへの感謝などの情景が描写されている。A、Bともにいまだはっきりわからない箇所があるにしても、シュメールのは勿論のこと、古代メソポタミア三千年間の文学史上の傑作の一つであることは争いようのない事実であるし、またその描写内容に誇張があるのは厳格な歴史記録ではない以上むしろ当然のことであるということを念頭に置くならば、これら二つのシリンダーの描写内容からは当時の国際情勢、とくに対外交易についてあるいは神殿建立についての情報が得られるという点でもきわめて価値高い文学作品と言えるだろう。

ダム挽歌

「私の子供」、遠くに去ってしまった者を嘆いている母はイナンナであると思われる。第六行目にエアンナ神殿が言及されているからである。では、嘆きの対象となっているのは誰か。それはダムという神である（ダムは中部バビロニアの都市イシンで尊崇されている神であり、その母はニンインシナである。従って、アメリカのシュメール学者ジェイコブセンはこの挽歌のダムはイシンのダムとは同名異人であり、南方のギルスの神だ、と考えているが、クレイマーは反対している）。ダムはイナンナの子とされている。なぜ、では、イナンナはわが子が遠く冥界にいってしまったことを嘆いているのだろうか。実はこのダムは繁殖力と新生の生命力との神なのであるから、彼が、一度落ちたら二度と戻ってくることはできない冥界（このことについては本巻所収の「イナンナの冥界下り」参照）に行ってしまい、この世から消えてしまうということは大問題なのである。川には耕作に必要な洪水が来ないのではあるまいか、畑には穀物が実らないのではあるまいか、沼沢地や森には魚や葦や獣が殖えないのではあるまいか。もし繁殖力がおとろえでもしたら、基本的に農業社会であった古代メソポタミア（商業も盛んだったが）にとってそれは死活の問題となる。そこで人々は、何か不明の理由で冥界の世界に移り住んでしまった、生産の神の復活を祈願して「ダム挽歌」のようなものを作った（この生産力の復活は国を統治する支配者にとって大きな問題であった。そこで、たぶん毎年、新年祭に聖婚（一）というのが行なわれた。これはドゥムジを代行する王が性愛、繁殖の女神イナンナ——実際には、彼女を代行する特別に選ばれた女性神官——と「結婚」することによってその年の豊作を祈るものである）。

（一）これについてS. N. Kramer, *The Sacred Marriage Rite* (1969) を参照せよ。

このダムと同じように冥界に行ってそこから戻れず、冥界の住人となってしまう神々として、他にドゥムジがいる。彼の場合には「イナンナの冥界下り」がはっきり述べているように、彼のおそろしい妻イナンナが自分の身代りとして彼をガルラ霊たちに引き渡してしまう。さらに、デール（イラン山地の麓の町）の神サタラン（裁判の神）やギシュバンダの神ニンギッジダ（二）などの場合にはその理由は不明であるが、これらの神々はその運命の近似性の故に、後にはすべてドゥムジ（またはバビロニア名ではタンムズ）と同一視されるようになる。

（二）ニンギシュズィダともいう。

なお、この「ダム挽歌」の一一、一二行目はその前後の行と比べて形が揃わないのでたぶん後に挿入されたものであろう。ここに訳出したものは、A. Falkenstein が *ZANF* 13 (1941), pp. 197–200 および *Sumerische und akkadische Hymnen und Gebete* (1953), pp.

185–86で扱っているもので、テキストはCT 15, 26の表面である。後半は省略した。

悪霊に対する呪文

人間が生物である限り病気で苦しむことは続くのではなかろうか。古代メソポタミア史のはじめから、病気は人間とともにあった。当時の人々も病気には悩み、なんとかその病苦から逃れたいと努めた。その治療法にはかなり合理的線をいくものと非合理的なものとが併存していた。

その一つは医学的なものである。すでに紀元前二六五〇年頃ウルには医者——シュメール語でa-zu（「水を識っている人」）という職業のあったことが、ウルで発掘されたタブレットにより知られる。医者の社会的地位はかなり高かったようである。現在まで極めて多くのアッカド語で書かれた医学テキストが残っているが（大体それらは主に紀元前第一千年紀のものである）、その中にはたくさんのシュメール語の術語が用いられているので、当然シュメール語による医学テキストの存在が考えられる。だが、それらは今のところごく少数であり、また医学用語がはっきり解明されていないので理解に困難である。でも、参考までに、アメリカの学者シヴィルが研究したあるシュメール語の医学テキストの一部分を訳出してみよう（一）——

Ⅰ　川泥と〔　　〕とを粉にして、それを水でこね、原油で（患部を）きれいにしてから、膏薬としてそれを貼りつけなさい。

Ⅱ　亀甲と〔　　〕を擦りつぶし、また（患部の傷）穴に油を塗って清めてから、うつ伏せに（?）寝ているその人を（擦りつぶされたものでもって）こすってきれいにしなさい。擦りつぶされた亀甲でもってこすってきれいにしたら、（今度は）上等のビールでもってこすりなさい。上等のビールでもってこすったら、水で洗いなさい。水で洗ったら、押しつぶされたモミの木で（患部を）満たしなさい。それがトゥン及びヌが病気になって苦しんでいる人のための（処方）です。

（一）　M. Civil, Prescriptions médicales sumériennes, *RA* 54 (1960), pp. 57-72.

トゥン及びヌは性器の一部らしいが、それはともかくとして、この医学テキストにはまったく呪術的要素がないことは、以下の「呪文」の場合と比べて著しい特徴である。もちろん、これらの薬剤の効力の程は現代の医学の水準から見て果してどうであるのかはまた別問題である。

これが合理的な方向に向って歩んでいたとしたら、もう一つの「治癒」方法である呪術には――後世の医学テキストにおいても呪文が大きな役割を果すようになるのだが――この合理的精神はどこへ消え去ったのか、その跡形もない。いつから、なぜこうなったのかは興味あるテーマである。現在、私たちはたいへん多くの呪文のテキストを読むことができる。バビロニア人はさまざまな病気はいろいろな悪霊の仕業であると信じていた。(二)夜、暗く寂しい道をうっかり通ろうものなら、ガルラ霊、ナムタル霊、悪いウドゥグ霊、ディムメ等々がいっせいにその人に躍りかかって病気を惹起すると恐れていた。そこで、なんとかこれらの悪霊を病人から追い出そうという願いをこめて、実にたくさんの種類の呪文が考え出され、それの内容に従って幾つもの呪文集が編纂され、コピーされて流布していった。ここに訳出した「呪文」はそのうちの一つであり、シュメール語で書かれているが、時代的には古バビロニア時代(紀元前第二千年紀前半)のものである。(三)これの複製が新アッシリア時代に作られ、これにはシュメール語にアッシリア語(アッカド語のアッシリア方言)訳が付けてあり、その内容にはわずかながら差異があるけれども、前者の破損部分を補うのに使える。

(二) これに対してアッカド語の呪文では病気はその人の罪に由来すると考えられている。
(三) もっと古い時代の呪文が見つかる可能性は十分にある。

ここに訳出したものは、数多い呪文の中でも代表的なもののひとつであるが、その原文は Lutz, *Selected Sumerian and Babylonian Texts, PBS* I-II (1919), No.127 (古バビロニア時代)にある。(四)それの写本は *CT* 16, 24 (新アッシリア時代)に見出されるが、内容的にほとんど一致するものとして更に *CT* 44, 28 と29 (新アッシリア時代)を挙げることができる。しかし、このような種類の呪文はきわめてたくさん作られ、その内容は似たりよったりである。

（四）*Cuneiform Texts from Babylonian Tablets in the British Museum*, London.

前記のテキストはA. Falkenstein, Die Haupttypen der sumerischen Beschwörung, *LSS NF* 1（1931）, pp. 89–93 および A. Falkenstein, *Sumerische und akkadische Hymnen und Gebete*（1953）, pp. 215–17 に研究ないし訳が載っている。もし私たちがさらにこの種の呪文にふれたいと思うならば、とりあえずは次のものがよいであろう——A. Falkenstein, Sumerische Beschwörungen aus Boğazköy, *ZANF* 11（1939）, pp. 8–41 と E. Reiner, Šurpu. Collection of Sumerian and Akkadian incantations, *AfO* Beiheft 11（1958）。また、アッカド語の呪文としては、A. Sachs が J. B. Pritchard 編 *Ancient Near Eastern Texts*（1955）, pp. 334–38 にいくつか載せ、また A. Goetze *Sumerische und akkadische Hymnen und Gebete*（1953）, pp. 295–354 に数多く訳されている。

さて、この「呪文」（五）は、悪霊を病人の身体から追い出すための呪文の基本型をよく示してくれる。第一行目の「エヌル」が何を意味するのかはいまだ不明であるが、二行目から一七行目までの間に、さまざまな悪霊が静かな通りを歩いている人に（一四行）襲いかかる有様が書かれている。これは後にくる呪文に対しては過去の出来事である。それを見ていたアサルルヒは彼を救いたいと念じて父エンキにその治療法を尋ねに行く。これに対し、

「お前が知らないことは何もないではないか」と言いつつもエンキが与える指示によれば、壺の中に水を張り、薬草を投げ入れ、その水を病人に振りかけ云々ということである（四〇―六一行）。その、医術からはほど遠い呪術を実行すれば、悪霊はたちどころに退散してしまうだろう（六二―七六行）。あらゆる神々がお祓《はら》いをしたのだから、と結んでいる。

（五） 行数は既述の *PBS* I-II, No.127 テキストに従う。

ナンナル神に対する「手をあげる」祈禱文

この祈禱文は月の神ナンナルが安らかでありますようにと念じて唱えられる祈りを内容としている。ナンナルは文中にも明らかなように、メソポタミア南部のウルの主神であり、本巻所収の「ウルの滅亡哀歌」の主人公の一人でもある。今なおこの町の廃墟に高くそびえているウルのジッグラット（一）の頂上には、この神のために建てられた壮大な神殿の跡が残っている。

（一） レンガで築きあげた三層の高い大きな建築物で、三層にナンナル神殿があった。

この祈禱文は大体紀元前一〇〇〇年から六〇〇年の間に粘土板に書きつけられたものである（二）。その一部は破損しているが、内容の理解にさしさわりがあるほどではない。この粘土板にはシュメール語と新アッシリア語（後者はアッカド語のアッシリア方言である）との文が一行交代に訳の形式で書かれている。この訳は必ずしも忠実ではない（シュメール文が元来のものであるとして）。以下に訳したのは主としてシュメール語に依拠している。ところが、このシュメール語自体が、現代の私たちにまで伝わっているシュメール語文学作品のほとんど大部分がそうであるように、後期シュメール語という部類に属するものであって、きわめて難解な部分がある。というのは、シュメール語を日常の話し言葉として用いていたシュメール民族はすでに少なくとも（この粘土板ができた時代よりも）一千年程前に滅亡してしまっていて、シュメール語は宗教、文学などの分野にたずさわる人々の書き言葉となっていたから（日本の漢文、中世ヨーロッパのラテン語のように）、かつての話し言葉とは文法も単語もかなり異なってしまっているのである。従って、シュメール語文が理解し難い（文法的に）場合にはアッカド語訳を参考にして日本語訳を試みてみた。

（二）　しかし、もっと古い時代に作られたもののコピーらしい。

このシュメール語文はまた、基本的にはエメサルと一般によばれている「方言」で書かれている。この「方言」はその語形が他の「方言」中最も主要で一般的なエメギル（「高尚な言葉」（三）？）と異なる点が多く、主として女性の発言部分を他と区別し明白にするために用いられる。この祈禱文では、それを唱えるのが女性であるからというのではないにもかかわらず、エメサルが用いられている。だが、日本語訳ではそれにとらわれずにエメギル形に直しておいた。その理由は第一に、日本語では（そしてまた、対訳の新アッシリア語でも）この二つの「方言」間の差異は表現できないからであり、第二に、本巻収録の作品中で、同一物を示すにもかかわらず一方でエメギル形が、他方でエメサル形[四]が用いられていると、シュメールの作品に親しんでいない読者には無用の混乱を与えるからである。

（三）「ウルの滅亡哀歌」の解説を参照。
（四）たとえばエンリル神に対してムルリル。

この祈禱文の内容についてこと細かにここで述べる必要はないと思われるが、この作品の本文は第三九行目あたりから始まるのであり、四十九行しかない短い全体と比べれば極めて長い前置きが先行している。その前置き部分では、月神ナンナルをさまざまの呼称（そのうちの幾つかは元来他の独立した神のものであった。たとえば、第三行目の「アンガル」は「偉大なアン」の意味であって、アンは天の神としてナンナルとは別個の神だった）で呼びかけながら、その神威の高いことを列挙している。本文にもあたるうしろの方では、「これこれの神は『平安でありますように！』とあなたに言いますように！」というきまり文句で終始している。そして最後の行には、一線で画してから「ナンナルの『手をあげる』（祈禱文）である」と奥書きが付けられている。

この祈禱文の原文は H. Rawlinson, *The Cuneiform Inscriptions of Western Asia*, Band IV², No.9 で公刊された新アッシリア時代のもので、アッシュールバニパルの有名な図書館の収蔵品であった。これにはいくつかの写本も見つかっており、欠けている部分もそのおかげで全般的によく復元されている。

訳は A. Falkenstein, *Sumerische und akkadische Hymnen und Gebete*（1953）, pp. 222-25；F. J. Stephens の J. B. Pritchard 編 *Ancient Near Eastern Texts*（1955）, pp. 385-86 にあるが、最新のものとして Å. W. Sjöberg, *Der Mondgott Nanna-Suen*, I（1960）, pp. 166-79 がある（ただし訳者未見）。なお、R. Borger, *ZA* 61（1971）, pp. 81-83 参照。

シュメールの格言と諺

シュメール人は神話や、人間の英雄についての数多くの伝説、讃歌、悪霊から逃れるための呪文、哀歌などとともに、一般に「知恵文学」と呼ばれているものをも発達させた。このなかには「言い争い」をテーマにしたもの（たとえば、本巻収録の「ドゥムジとエンキムドゥ——牧羊神と農耕神の言い争い」とその解説を参照）やエッセイ、訓戒（このなかには或るシュメール人の農夫が自分の息子に対し、年間の農作業の過程と耕作上の注意、使用人や役畜の使い方などを諭《さと》した「農夫の暦《こよみ》」とか聖書の有名なノアに相当するジウスドゥラ——彼については、「洪水伝説」参照——にその父シュルッパクが与える訓戒などが含まれる）、そして格言と諺が一括される。

これらの文学ジャンルのうち格言、諺に相当するもの（きわめて幅広い意味で。というのは、後に挙げられている例を見ればわかる通り、なかには寓話にとてもよく似た感じのものもあるからである）をいくつくらいシュメール人は書き残しただろうか。それの正確な数は不明であるけれども、それでも約七百以上にのぼる大小の粘土板が現在までに発掘されている。もちろん、残念なことにそれらの多くは損傷があったり、破片であったりする。献身的な長年の努力を傾注して、このむずかしいジャンルの研究を開拓したアメリカ人のシュメール学者ゴードンによると、シュメール人は、それらの格言、諺を約十五から二十の編纂物に編集しており、そのうちの約十から十二の編纂物が現在の私たちにも使えるように発表されている。格言、諺の数にして千ほどである。それにしても、シュメール人の書記たちは、多岐にわたる内容をもつ格言、諺をどのような基準によってタブレットに並べていったのだろうか。多くの場合、その格言、諺には、それのキーポイントを成す内容を目安にグループを作っている。とは言っても、それは決して整然とした配列ではない。むしろそれを望む方が無理であろうが。

シュメールの格言、諺の内容を大雑把に挙げるならば、地理、気候、動植物相など自然環境を扱ったもの、農業、商業、工業、牧畜、漁業など人間の経済生活の営みから題材を採ったもの、友人、家族、同僚など対人関係に係るもの、神、霊、タブーのような精神的、宗教的なテーマが対象であるもの等々、実にその内容は幅広い。そして、これらは他のジャンルのシュメール文学作品ともども現代の私たちに、当時の人々の心の動きを伝えてくれるのである。

シュメール語の格言と諺とにもっとも精力的に取り組んできたのは前述の E. I. Gordon

(1) 1-146	(2) 1-169	(3) 2-124	(4) 1-12	(5) 1-154
(6) 1-158	(7) 1-159	(8) 1-160	(9) 1-147	(10) 1-193〜4
(11) 1-157	(12) 1-185	(13) 1-153	(14) 2-142	(15) 2-138
(16) 1-101	(17) 1-106	(18) 2-123	(19) 1-14	(20) 2-71
(21) 2-125	(22) 2-18	(23) 2-32	(24) 2-19	(25) 1-55
(26) 2-15	(27) 1-15	(28) 2-16	(29) 1-18	(30) 2-162
(31) 1-8	(32) 1-63	(33) 2-123	(34) 1-190	(35) 2-68
(36) 2-44	(37) 2-67	(38) 2-69	(39) 2-112	(40) 2-78
(41) 2-77	(42) 2-93	(43) 2-87	(44) 2-91	(45) 2-38
(46) 2-40	(47) 2-37	(48) 2-47	(49) 2-49	(50) 2-52
(51) 2-53	(52) 2-39	(53) 2-57	(54) 2-41	(55) 1-100
(56) 2-54	(57) 1-35	(58) 2-94	(59) 2-139	(60) 2-109

で、かれは一九五〇年代末からSumerian animal proverbs and fables, *JCS* 12（1958), pp. 1-21 and pp. 43-75 ; Sumerian proverbs : "Collection Four," *JAOS* 77（1957), pp. 67-79 ; Animals as represented in the Sumerian proverbs and fables : a preliminary study, *"Drevnij Mir. Sbornik statej akademiku V. V. Struve"*（1962), pp. 226-49 および *Sumerian Proverbs : Glimpses of Everyday Life in Ancient Mesopotamia*（1959）などに数多くのテキストを公刊しそれの解釈を試みている。そのテキストが書かれた時代と場所はさまざまであるが、紀元前第三千年紀中頃の南メソポタミアの都市ラガシュからは「なぞなぞ」が出土していることから考えると、古い時代から格言や諺もさかんにつくられたことであろう。

シュメール語の諺の本格的研究書としてもうひとつ次のものをあげておこう。B. Alster, Studies in

Sumerian proverbs, *Mesopotamia* 3（1975）。

本書では保存状態の良い六十の格言、諺を選んだ。ただし、シュメール語の格言、諺はきわめてむずかしいものが多く、同じ一つのものでもいくつかの解釈と訳が可能である。主として前出のゴードンの解釈を参考にして、なるべくシュメール人の発想に近い訳をこころがけてみた。

参考までに、ゴードン前掲書（1959）における諺の番号を掲げよう（前頁）。

文庫版訳者あとがき

日本における古代オリエント学の基礎を築く上で大きな業績を残された杉勇東京教育大学教授が、古代エジプトと古代西アジアの文芸作品をそれぞれの原語から直接に日本語に訳して日本の読者に提供しようという企画を立てられ、それが実を結んだのは、一九七八年のことでした。今からおよそ四十年前のことになります。その当時研究者として駆け出しに過ぎないわたくしにもシュメール語の文学作品を邦訳するようにとの厳命が下され、大いに困惑したことが今なお鮮明に思い出されます。当時はシュメール語の辞書もまだまだ不完全で、しばしば立ち往生しました。思い起こすたびに赤面し冷や汗を流します。幸い、この筑摩世界文学大系第一巻「古代オリエント集」は、類書がない故にか、それともシュメール語作品以外の部門の訳が優れているからか、多くの読者に歓迎されたようでした。

このたび、これがちくま学芸文庫の一冊として収録されることとなりました。本来であれば、シュメール文学作品のこの四十年余りの研究成果を反映させる新訳を提供するべきなのですが、諸般の事情によりまして、最小限度の訂正に留めました。大雑把に申せば、シュメール語の作品に限らず古代オリエント世界全般の文学についての研究者はその数が次第に減少している傾向にあるようですが、それでも四十年前よりはかなり高い水準にまで理解が進んできていることは間違いありません。関心のある方は The Electronic Text Corpus of Sumerian Literature, Oriental Institute, University of Oxford に当たってください。

二十一世紀初めの今日、古代オリエント学の研究は、従来同様にイギリス、フランス、ドイツあるいはアメリカが中心ですが、最近の中国でも古代オリエント文化に関心を抱く学生の数が増えてきており、わたくしも四年間長春で修士課程の学生たちと一緒にシュメール語の文学作品を読んできました。しかし、四十年前には大いに活発であったソ連（ロシア）と日本では研究に乗り出そうという若人の数が減少しており、甚だ残念なことです。今回の再刊が少しでも状況の好転に寄与できるならば幸甚です。

最後になりましたが、ちくま学芸文庫の海老原勇様には文庫化に当たり全面的にお世話になりました。篤くお礼を申し上げます。

二〇一五年六月

尾崎　亨

索　引

ア　行

カ 行

サ　行

タ　行

ナ　行

ハ　行

マ　行

ヤ・ラ行

本書は筑摩書房刊『筑摩世界文学大系1　古代オリエント集』（一九七八年四月三十日刊行）のうち「シュメール」の章を文庫化したものである。

自己愛人間　小此木啓吾

思い込みや幻想を生きる力とし、自己像に執着しつづける現代人の心のありようを明快に論じた精神分析学者の代表的論考。（柳田邦男）

戦争における「人殺し」の心理学　デーヴ・グロスマン　安原和見訳

本来、人間には、人を殺すことに強烈な抵抗がある。それを兵士として殺戮の場＝戦争に送りだすにはどうするか。元米軍将校による戦慄の研究書。

決断の法則　ゲーリー・クライン　佐藤佑一監訳

時間的制約があり変化する現場で、人はいかに意思決定を行うか。消防隊員、チェスチャンピオンらの調査から、人の隠れた能力を照射する。（本田秀仁）

ひきこもり文化論　斎藤環

「ひきこもり」にはどんな社会文化的背景があるのか。インターネットとの関係など、多角的にその特質を考察した文化論の集大成。（玄田有史）

精神科医がものを書くとき　中井久夫

高名な精神科医であると同時に優れたエッセイストとしても知られる著者が、研究とその周辺について記した一七篇をまとめる。（斎藤環）

隣の病い　中井久夫

表題作のほか「風景構成法」「阪神大震災後四カ月」「現代ギリシャ詩人の肖像」など、著者の豊かで多様な世界を浮き彫りにする。（藤川洋子）

世に棲む患者　中井久夫

アルコール依存症、妄想症、境界例など「身近な」病を腑分けし、社会の中の病者と治療者との微妙な関わりを豊かな比喩を交えて描き出す。（岩井圭司）

「つながり」の精神病理　中井久夫

社会変動がもたらす病いと家族の移り変わりを中心に、老人問題を臨床の視点から読み解き、精神科医としての弁明を試みた珠玉の一九篇。（春日武彦）

「思春期を考える」ことについて　中井久夫

表題作の他「教育と精神衛生」などに加えて、豊かな視野と優れた洞察を物語る「サラリーマン労働」や「病跡学と時代精神」などを収める。（滝川一廣）

「伝える」ことと「伝わる」こと　中井久夫

精神が解体の危機に瀕した時、それを食い止めるのが妄想である。解体か、分裂か。その時、精神はよりましな方として分裂を選ぶ。（江口重幸）

私の「本の世界」　中井久夫

精神医学関連書籍の解説、『みすず』等に掲載の年間読書アンケート等とともに、大きな影響を受けたヴァレリーに関する論考を収める。（松田浩則）

モーセと一神教　ジークムント・フロイト　渡辺哲夫訳

ファシズム台頭期、フロイトはユダヤ民族の文化基盤ユダヤ教に対峙する。自身の精神分析理論を揺るがしかねなかった最晩年の挑戦の書物。

悪について　エーリッヒ・フロム　渡会圭子訳

私たちはなぜ生を軽んじ、自由を放棄し、進んで悪に身をゆだねてしまうのか。人間の本性を克明に描き出した不朽の名著、待望の新訳。（出口剛司）

ラカン入門　向井雅明

複雑怪奇きわまりないラカン理論。だが、概念や理論の歴史的変遷を丹念にたどれば、その全貌を明快に理解できる。『ラカン対ラカン』増補改訂版。

引き裂かれた自己　R・D・レイン　天野衛訳

統合失調症とは、苛酷な現実から自己を守ろうとする決死の努力である。患者の世界に寄り添い、反精神医学の旗手となったレインの主著、改訳版。

素読のすすめ　安達忠夫

素読とは、古典を繰り返し音読すること。内容の理解は考えない。言葉の響きやリズムによって感性を耕し、学びの基礎となる行為を平明に解説する。

言葉をおぼえるしくみ　今井むつみ　針生悦子

認知心理学最新の研究を通し、こどもが言葉や概念を覚えていく仕組みを徹底的に解明。さらにその仕組みを応用した外国語学習法を提案する。

ハマータウンの野郎ども　ポール・ウィリス　熊沢誠／山田潤訳

イギリス中等学校〝就職組〟の闊達でしたたかな反抗ぶりに根底的な批判を読みとり、教育の社会秩序再生産機能を徹底分析する。（乾彰夫）

着眼と考え方
現代文解釈の基礎〔新訂版〕 遠藤嘉基 渡辺実

着眼と考え方
現代文解釈の方法〔新訂版〕 遠藤嘉基 渡辺実

新編 教室をいきいきと① 大村はま

新編 教えるということ 大村はま

日本の教師に伝えたいこと 大村はま

大村はま 優劣のかなたに 苅谷夏子

増補 教育の世紀 苅谷剛彦

古文の読解 小西甚一

古文研究法 小西甚一

書かれた言葉の何に注目し、拾い上げ、結びつけ、考えていけばよいのか――59の文章を実際に読み解きながら解説した、至高の現代文教本。（読書猿）

伝説の参考書『現代文解釈の基礎』の姉妹編、待望の復刊！ 70の文章を読解し、言葉を「考える」ための、一生モノの力を手に入れよう。（読書猿）

教室でのことばづかいから作文学習・テストまで。創造的で新鮮な授業の地平を切り開いた著者が、とっておきの工夫と指導を語る実践的な教育書。

ユニークで実践的な指導で定評のある著者が、教師の仕事のあれこれや魅力のある教室作りについて、きびしくかつ暖かく説く、若い教師必読の一冊。

子どもたちを動かす迫力と、人を育てる本当の工夫に満ちた授業とは。実り多い学習のために、すべての教育者に贈る実践の書。（苅谷剛彦）

現場の国語教師として生涯を全うした、はま先生。遺されたことばの中から60を選りすぐり、先生の人となり、思想、仕事に迫る、珠玉のことば集。

教育機会の平等という理念の追求は、いかにして学校を競争と選抜の場に変えたのか。現代の大衆教育社会のルーツを20世紀初頭のアメリカの経験に探る。

碩学の愛情が溢れる、伝説の参考書。魅力的な読み物でもあり、古典を味わうための最適なガイドになる一冊。（武藤康史）

受験生のバイブル、最強のベストセラー参考書がついに！ 碩学が該博な知識を背景に全力で書き下ろした、教養と愛情あふれる名著。（土屋博映）

国文法ちかみち　小西甚一
伝説の名教師による幻の古文参考書、第三弾！　文法を基礎から身につけつつ、古文の奥深さも味わえる、受験生の永遠のバイブル。（島内景二）

よくわかるメタファー　瀬戸賢一
日常会話から文学作品まで、私たちの言語表現を豊かに彩る比喩。それが生まれるプロセスや上手な使い方を身近な実例とともに平明に説く。

教師のためのからだとことば考　竹内敏晴
ことばが沈黙するとき、からだが語り始める。キレる子どもたちと教員の心身状況を見つめ、からだと心の内的調和を探る。（芹沢俊介）

新釈　現代文　高田瑞穂
現代文を読むのに必要な「たった一つのこと」とは……。戦後20年以上も定番であり続けた伝説の大学受験国語参考書が、ついに復刊。（石原千秋）

現代文読解の根底　高田瑞穂
伝説の参考書『新釈　現代文』の著者による、もうひとつの幻のテキストブック。現代文を本当に正しく理解するために必要なエッセンスを根本から学ぶ。

読んでいない本について堂々と語る方法　ピエール・バイヤール　大浦康介訳
本は読んでいなくてもコメントできる！　フランス論壇の鬼才が心構えからテクニックまで、徹底伝授した世界的ベストセラー。現代必携の一冊！

学ぶことは、とびこえること　ベル・フックス　里見実監訳　朴和美・堀田碧・吉原令子訳
境界を越え出ていくこと、それこそが自由の実践としての教育だ。ブラック・フェミニストが自らの経験をもとに語る、新たな教育への提言。（坂下史子）

高校生のための文章読本　梅田卓夫／清水良典／服部左右一／松川由博編
夏目漱石からボルヘスまで一度は読んでおきたい文章70篇を収録。読解を通して表現力を磨くテキストとして好評を博した名アンソロジー。（村田喜代子）

高校生のための批評入門　梅田卓夫／清水良典／服部左右一／松川由博編
筑摩書房国語教科書の副読本として編まれた名教材の批評編。気になっていた作家・思想家等の文章を、短文読切り解説付でまとめて読める。（熊沢敏之）

謎解き『ハムレット』　河合祥一郎

優柔不断で脆弱な哲学青年——近年定着したこのハムレット像を気鋭の英文学者が根底から覆し、闇に包まれた謎の数々に新たな光のもと迫った名著。

日本とアジア　竹内好

西欧化だけが日本の近代化の道だったのか。魯迅を敬愛する思想家が、日本の近代化、中国観・アジア観を鋭く問い直した評論集。（加藤祐三）

ホームズと推理小説の時代　中尾真理

ホームズとともに誕生した推理小説。その歴史を黎明期から黄金期まで跡付け、隆盛の背景とその展開を豊富な基礎知識を交えながら展望する。

文学と悪　ジョルジュ・バタイユ　山本功訳

文学にとって至高のものとは、悪の極限を掘りあてることではないのか。サド、プルースト、カフカなど八人の作家を巡る論考。（吉本隆明）

来るべき書物　モーリス・ブランショ　粟津則雄訳

プルースト、アルトー、マラルメ、クローデル、ボルヘス、ブロッホらを対象に、20世紀フランスを代表する批評家が、その作品の精神に迫る。

プルースト 読書の喜び　保苅瑞穂

『失われた時を求めて』がかくも人を魅了するのはなぜなのか。この作品が与えてくれる愉悦を著者鍾愛の場面を通して伝える珠玉のエセー。（野崎歓）

中国詩史　吉川幸次郎　高橋和巳編

中国文学において常に主流・精髄と位置付けられてきた「詩文」。先秦から唐宋を経て近代まで、平明な文章で時代順にその流れが分かる。（川合康三）

宋詩選　小川環樹編訳

唐詩より数多いと言われる宋詩から、偉大なる詩人達の名作を厳選訳出して解釈する。親しみやすい漢詩論としても読める、選者解説も収録。（佐藤保）

ペルシャの神話　岡田恵美子

天地創造神話から、『王書』に登場する霊鳥スィームルグや英雄ロスタムの伝説までをやさしく語る。ペルシャ文学の第一人者による入門書。（沓掛良彦）

アレクサンドロス大王物語　伝カリステネス　橋本隆夫 訳

アレクサンドロスの生涯は、史実を超えた伝説として西欧からイスラムに至るまでの世界に大きな影響を与えた。伝承の中核をなす書物。（澤田典子）

西洋古典学入門　久保正彰

古代ギリシア・ローマの作品を原本に近い形で復原すること。それが西洋古典学の使命である。ホメーロスなど、諸作品を紹介しつつ学問の営みを解説。

貞観政要　呉兢　守屋洋 訳

大唐帝国の礎を築いた太宗が名臣たちと交わした政治問答集。編纂されて以来、帝王学の古典として屹立する。本書では、七十篇を精選・訳出。

初学者のための中国古典文献入門　坂出祥伸

文学、哲学、歴史等「中国学」を学ぶ時、必須となる古典の基礎知識。文献の体裁、版本の知識、図書分類他を丁寧に解説する。反切とは？　偽書とは？

詳講 漢詩入門　佐藤保

二千数百年の中国文学史の中でも高い地位を占める古典詩。その要点を、形式・テーマ・技巧等により系統だてて、初歩から分かりやすく詳しく学ぶ。

シュメール神話集成　杉勇　尾崎亨 訳

「洪水伝説」「イナンナの冥界下り」など世界最古の神話・文学十六篇を収録。ほかでは読むことのできない貴重な原典資料。豊富な訳注・解説付き。

エジプト神話集成　杉勇　屋形禎亮 訳

不死・永生を希求した古代エジプト人の遺した、ピラミッド壁面の銘文ほか、神への讃歌、予言、人生訓など重要文書約三十篇を収録。

宋名臣言行録　朱熹編　梅原郁 編訳

北宋時代、総勢九十六名に及ぶ名臣たちの言動を大儒・朱熹が編纂。唐代の『貞観政要』と並ぶ帝王学の書であり、処世の範例集として今も示唆に富む。

資治通鑑　司馬光　田中謙二 編訳

全二九四巻にもおよぶ膨大な歴史書『資治通鑑』のなかから、侯景の乱、安禄山の乱など名シーンを精選。破滅と欲望の交錯するドラマを流麗な訳文で。

十八史略
曾先之／今西凱夫訳／三上英司編
『史記』『漢書』『三国志』等、中国の十八の歴史書をまとめた『十八史略』から、故事成語、人物にまつわる名場面を各時代よりセレクト。（三上英司）

アミオ訳 孫子〔漢文・和訳完全対照版〕
福永光司／興膳宏訳
最強の兵法書『孫子』。この書を十八世紀ヨーロッパに紹介したアミオによる伝説の訳業がついに邦訳。その独創的解釈の全貌がいま蘇る。（伊藤大輔）

陶淵明全詩文集
福永光司／興膳宏訳
中国・六朝時代最高の詩人、陶淵明。農耕生活から生まれた数々の名詩は、人生や社会との葛藤を映し出し、今も胸に迫る。待望の新訳注書、遂に成る。

和訳 聊斎志異
福永光司／興膳宏訳
中国清代の怪異短編小説集。仙人、幽霊、妖狐たちが繰り広げるおかしくも艶やかな話の数々。日本の文豪たちにも大きな影響を与えた一書。（南條竹則）

フィレンツェ史（上）
ニッコロ・マキァヴェッリ
在里寛司／米山喜晟訳
権力闘争、周辺国との駆け引き、戦争、政権転覆……。マキァヴェッリの筆によりさらにドラマチックに彩られるフィレンツェ史。文句なしの面白さ！

フィレンツェ史（下）
ニッコロ・マキァヴェッリ
在里寛司／米山喜晟訳
古代ローマ時代からのフィレンツェ史を俯瞰することで見出された、歴史におけるある法則……。マキァヴェッリの真骨頂が味わえる一冊！（米山喜晟）

ギルガメシュ叙事詩
矢島文夫訳
ニネベ出土の粘土書板に初期楔形文字で記された英雄ギルガメシュの波乱万丈の物語。「イシュタルの冥界下り」を併録。最古の文学の初の邦訳。

メソポタミアの神話
矢島文夫
「バビロニアの創世記」から「ギルガメシュ叙事詩」まで、古代メソポタミアの代表的神話をやさしく紹介。第一人者による最良の入門書。（沖田瑞穂）

北欧の神話
山室静
キリスト教流入以前のヨーロッパ世界を鮮やかに語り伝える北欧神話。神々と巨人たちとが織りなす壮大な物語をやさしく説き明かす最良のガイド。

アレクサンドリア　E・M・フォースター　中野康司訳

二三〇〇年の歴史を持つ古都アレクサンドリア。この町に魅せられた作家による、地中海世界の楽しい歴史入門書。（前田耕作）

シャボテン幻想　龍膽寺雄

多肉植物への偏愛が横溢した愛好家垂涎のバイブル。異端作家が説く「荒涼の美学」は、日常に疲れた現代人をいまだ惹きつけてやまない。（田中美穂）

クワイ河収容所　アーネスト・ゴードン　斎藤和明訳

「戦場に架ける橋」の舞台となったタイ・クワイ河流域の日本軍俘虜収容所での苛酷な経験を綴った、イギリス将校による戦争ノンフィクション。

虜人日記　小松真一

一人の軍属が豊富な絵とともに克明に記したジャングルでの逃亡生活と収容所での捕虜体験。戦争の真実、人間の本性とは何なのか。（山本七平）

八月の砲声（上）　バーバラ・W・タックマン　山室まりや訳

一九一四年、ある暗殺が欧州に戦火を呼びこむ。情報の混乱、指導者たちの誤算と過信は予期せぬ世界大戦を惹起した。'63年ピュリッツァー賞受賞の名著。

八月の砲声（下）　バーバラ・W・タックマン　山室まりや訳

なぜ世界は戦争の泥沼に沈んだのか。政治と外交と軍事で何がどう決定され、また決定されなかったのかを克明に描く異色の戦争ノンフィクション。

最初の礼砲　バーバラ・W・タックマン　大社淑子訳

独立戦争は18世紀の世界戦争であった。豊富な挿話を積み上げながら、そのドラマと真実を見事な語り口で描いたピュリッツァー賞受賞作家の遺著。

米陸軍日本語学校　ハーバート・パッシン　加瀬英明訳

第二次大戦中、アメリカは陸海軍で日本語の修得を目的とする学校を設立した。著者の回想によるその実態と、占領将校としての日本との出会いを描く。

アイデンティティが人を殺す　アミン・マアルーフ　小野正嗣訳

アイデンティティにはひとつの帰属だけでよいのか？　人を殺人にまで駆り立てる思考を作家は告発する。大反響を巻き起こしたエッセイ、遂に邦訳。

世界の混乱
アミン・マアルーフ
小野正嗣訳

二十一世紀は崩壊の徴候とともに始まった。国際関係、経済、環境の危機に対して、絶望するのではなく、緊急性をもって臨むことを説いた警世の書。

震災画報
宮武外骨

混乱時のとんでもない人のふるまいや、同じ町内で生死を分けた原因等々を詳述する、外骨による関東大震災の記録。人間の生の姿がそこに。（吉野孝雄）

独裁体制から民主主義へ
ジーン・シャープ
瀧口範子訳

すべての民主化運動の傍らに本書が。独裁体制を研究しつくした著者が示す非暴力による権力打倒の実践的方法。「非暴力行動の198の方法」付き。本邦初訳。

国家と市場
スーザン・ストレンジ
西川潤／佐藤元彦訳

国際関係を「構造的権力」という概念で読み解いた歴史的名著。経済のグローバル化で秩序が揺らぐ今、持つべき視点がここにある。（鈴木一人）

私の憲法勉強
中野好夫

戦後、改憲論が盛んになった頃、一人の英文学者が日本国憲法をめぐる事実を調べ直し、進行する事態に警鐘を鳴らした。今こそその声に耳を傾けたい。

法の原理
トマス・ホッブズ
高野清弘訳

ホッブズ最初の政治理論書。十七世紀イングランドの政治闘争を背景に、人間本性の分析を経て、安全と平和をもたらす政治体が考察される。（加藤節）

タイムバインド
A・R・ホックシールド
坂口緑／中野聡子／両角道代訳

仕事と家庭のバランスは、時間をうまくやりくりしても問題は解決しない。これらがどう離れがたいものなのかを明らかにした社会学の名著。（筒井淳也）

戦略の形成（上）
ウィリアムソン・マーレー／マクレガー・ノックス／アルヴィン・バーンスタイン編著
石津朋之／永末聡監訳
歴史と戦争研究会訳

戦略の本質とは！　統治者や国家が戦略を形成する際の錯綜した過程と決定要因を歴史的に検証・考察した事例研究。上巻はアテネから第一次大戦まで。

戦略の形成（下）
ウィリアムソン・マーレー／マクレガー・ノックス／アルヴィン・バーンスタイン編著
石津朋之／永末聡監訳
歴史と戦争研究会訳

戦略には論理的な原理は存在しない！　敵・味方の相互作用であり、それゆえ認識や感覚の問題である。下巻はナチス・ドイツから大戦後のアメリカまで。

ちくま学芸文庫

シュメール神話集成《しんわしゅうせい》

二〇一五年十一月十日　第一刷発行
二〇二四年　三　月十五日　第六刷発行

訳　者　杉　勇（すぎ・いさむ）
　　　　尾崎　亨（おざき・とおる）
発行者　喜入冬子
発行所　株式会社　筑摩書房
　　　　東京都台東区蔵前二―五―三　〒一一一―八七五五
　　　　電話番号　〇三―五六八七―二六〇一（代表）
装幀者　安野光雅
印刷所　明和印刷株式会社
製本所　株式会社積信堂

ISBN978-4-480-09700-2 C0114